交通与交流系列

交通工具史话

A Brief History of Vehicles in China

郑若葵 / 著

社会科学文献出版社
SOCIAL SCIENCES ACADEMIC PRESS (CHINA)

图书在版编目（CIP）数据

交通工具史话/郑若葵著 .—北京：社会科学文献出版社，2012.1（2014.8 重印）
（中国史话）
ISBN 978-7-5097-2939-7

Ⅰ.①交… Ⅱ.①郑… Ⅲ.①交通工具－发展史－中国 Ⅳ.①U-092

中国版本图书馆 CIP 数据核字（2011）第 253842 号

"十二五"国家重点出版规划项目

中国史话·交通与交流系列

交通工具史话

著　　者/郑若葵

出 版 人/谢寿光
出 版 者/社会科学文献出版社
地　　址/北京市西城区北三环中路甲29号院3号楼华龙大厦
邮政编码/100029

责任部门/人文分社（010）59367215
电子信箱/renwen@ssap.cn
责任编辑/范明礼
责任校对/黄　芬
责任印制/岳　阳
经　　销/社会科学文献出版社市场营销中心
　　　　　（010）59367081　59367089
读者服务/读者服务中心（010）59367028

印　　装/北京画中画印刷有限公司
开　　本/889mm×1194mm　1/32　印张/6.75
版　　次/2012年1月第1版　字数/134千字
印　　次/2014年8月第2次印刷
书　　号/ISBN 978-7-5097-2939-7
定　　价/15.00元

本书如有破损、缺页、装订错误，请与本社读者服务中心联系更换
版权所有　翻印必究

《中国史话》编辑委员会

主　　任　陈奎元

副 主 任　武　寅

委　　员　(以姓氏笔画为序)

卜宪群　王　巍　刘庆柱

步　平　张顺洪　张海鹏

陈祖武　陈高华　林甘泉

耿云志　廖学盛

《中国史术》
编辑委员会

总　序

中国是一个有着悠久文化历史的古老国度，从传说中的三皇五帝到中华人民共和国的建立，生活在这片土地上的人们从来都没有停止过探寻、创造的脚步。长沙马王堆出土的轻若烟雾、薄如蝉翼的素纱衣向世人昭示着古人在丝绸纺织、制作方面所达到的高度；敦煌莫高窟近五百个洞窟中的两千多尊彩塑雕像和大量的彩绘壁画又向世人显示了古人在雕塑和绘画方面所取得的成绩；还有青铜器、唐三彩、园林建筑、宫殿建筑，以及书法、诗歌、茶道、中医等物质与非物质文化遗产，它们无不向世人展示了中华五千年文化的灿烂与辉煌，展示了中国这一古老国度的魅力与绚烂。这是一份宝贵的遗产，值得我们每一位炎黄子孙珍视。

历史不会永远眷顾任何一个民族或一个国家，当世界进入近代之时，曾经一千多年雄踞世界发展高峰的古老中国，从巅峰跌落。1840年鸦片战争的炮声打破了清帝国"天朝上国"的迷梦，从此中国沦为被列强宰割的羔羊。一个个不平等条约的签订，不仅使中国大量的白银外流，更使中国的领土一步步被列强侵占，国库亏空，民不聊生。东方古国曾经拥有的辉煌，也随着西方列强坚船利炮的轰击而烟消云散，中国一步步堕入了半殖民地的深渊。不甘屈服的中国人民也由此开始了救国救民、富国图强的抗争之路。从洋务运动到维新变法，从太平天国到辛亥革命，从五四运动到中国共产党领导的新民主主义革命，中国人民屡败屡战，终于认识到了"只有社会主义才能救中国，只有社会主义才能发展中国"这一道理。中国共产党领导中国人民推倒三座大山，建立了新中国，从此饱受屈辱与蹂躏的中国人民站起来了。古老的中国焕发出新的生机与活力，摆脱了任人宰割与欺侮的历史，屹立于世界民族之林。每一位中华儿女应当了解中华民族数千年的文明史，也应当牢记鸦片战争以来一百多年民族屈辱的历史。

当我们步入全球化大潮的21世纪，信息技术革命迅猛发展，地区之间的交流壁垒被互联网之类的新兴交流工具所打破，世界的多元性展示在世人面前。世界上任何一个区域都不可避免地存在着两种以上文化的交汇与碰撞，但不可否认的是，近些年来，随着市场经济的大潮，西方文化扑面而来，有些人唯西方为时尚，把民族的传统丢在一边。大批年轻人甚至比西方人还热衷于圣诞节、情人节与洋快餐，对我国各民族的重大节日以及中国历史的基本知识却茫然无知，这是中华民族实现复兴大业中的重大忧患。

中国之所以为中国，中华民族之所以历数千年而不分离，根基就在于五千年来一脉相传的中华文明。如果丢弃了千百年来一脉相承的文化，任凭外来文化随意浸染，很难设想13亿中国人到哪里去寻找民族向心力和凝聚力。在推进社会主义现代化、实现民族复兴的伟大事业中，大力弘扬优秀的中华民族文化和民族精神，弘扬中华文化的爱国主义传统和民族自尊意识，在建设中国特色社会主义的进程中，构建具有中国特色的文化价值体系，光大中华民族的优秀传统文化是一件任重而道远的事业。

当前，我国进入了经济体制深刻变革、社会结构深刻变动、利益格局深刻调整、思想观念深刻变化的新的历史时期。面对新的历史任务和来自各方的新挑战，全党和全国人民都需要学习和把握社会主义核心价值体系，进一步形成全社会共同的理想信念和道德规范，打牢全党全国各族人民团结奋斗的思想道德基础，形成全民族奋发向上的精神力量，这是我们建设社会主义和谐社会的思想保证。中国社会科学院作为国家社会科学研究的机构，有责任为此作出贡献。我们在编写出版《中华文明史话》与《百年中国史话》的基础上，组织院内外各研究领域的专家，融合近年来的最新研究，编辑出版大型历史知识系列丛书——《中国史话》，其目的就在于为广大人民群众尤其是青少年提供一套较为完整、准确地介绍中国历史和传统文化的普及类系列丛书，从而使生活在信息时代的人们尤其是青少年能够了解自己祖先的历史，在东西南北文化的交流中由知己到知彼，善于取人之长补己之短,在中国与世界各国愈来愈深的文化交融中,保持自己的本色与特色,将中华民族自强不息、厚德载物的精神永远发扬下去。

《中国史话》系列丛书首批计200种,每种10万字左右,主要从政治、经济、文化、军事、哲学、艺术、科技、饮食、服饰、交通、建筑等各个方面介绍了从古至今数千年来中华文明发展和变迁的历史。这些历史不仅展现了中华五千年文化的辉煌,展现了先民的智慧与创造精神,而且展现了中国人民的不屈与抗争精神。我们衷心地希望这套普及历史知识的丛书对广大人民群众进一步了解中华民族的优秀文化传统,增强民族自尊心和自豪感发挥应有的作用,鼓舞广大人民群众特别是新一代的劳动者和建设者在建设中国特色社会主义的道路上不断阔步前进,为我们祖国美好的未来贡献更大的力量。

陈奎元

2011年4月

目 录

引 言 ………………………………………… 1

一 中国古代交通工具溯源 …………………… 4
  1. 有关交通工具起源的传说 ……………… 4
  2. 从历史传说和考古发现看中国古代
     交通工具的渊源 ………………………… 6

二 夏、商、西周时期交通工具漫话 ………… 13
  1. 夏朝的服牛、乘马和荡舟 ……………… 13
  2. 商代的交通工具 ………………………… 16
  3. 西周时期的交通工具 …………………… 19

三 东周时期交通工具漫话 …………………… 25
  1. 东周的牛车 ……………………………… 25
  2. 东周的马车 ……………………………… 27
  3. 东周的驴车、羊车和人力车 …………… 35
  4. 东周的水上交通工具 …………………… 36

5. 东周的骑乘 …………………………………… 43
　　6. 东周的舆轿 …………………………………… 47

四　秦汉时期交通工具漫话 ……………………………… 49
　　1. 秦汉牛车 ……………………………………… 50
　　2. 秦汉马车 ……………………………………… 52
　　3. 秦汉驴车、骡车和人力车 …………………… 70
　　4. 秦汉水上交通工具 …………………………… 74
　　5. 秦汉骑乘 ……………………………………… 85
　　6. 秦汉舆轿 ……………………………………… 91

五　魏晋南北朝时期交通工具漫话 ……………………… 93
　　1. 独领风骚的牛车 ……………………………… 94
　　2. 跌入低谷的马车 ……………………………… 99
　　3. 其他畜力车和人力车 ………………………… 101
　　4. 水上交通工具 ………………………………… 104
　　5. 骑乘 …………………………………………… 107
　　6. 渐入发展坦途的肩舆 ………………………… 112
　　7. 司里车和指南车 ……………………………… 114

六　隋唐五代时期交通工具漫话 ………………………… 116
　　1. 牛车的继续风行 ……………………………… 117
　　2. 马车的继续沿用 ……………………………… 118
　　3. 发达的水上交通工具 ………………………… 121

4. 别具情趣的骑乘 …………………… 126
  5. 兴盛发达的腰舆 …………………… 134
  6. 信鸽 ………………………………… 137
  7. 鹘鸟 ………………………………… 138

七 宋元时期交通工具漫话 …………… 139
  1. 牛车、骡车和驴车利用 …………… 140
  2. 独轮车 ……………………………… 144
  3. 水上交通工具 ……………………… 144
  4. 骑乘 ………………………………… 156
  5. 轿子 ………………………………… 160
  6. 记里鼓车 …………………………… 162
  7. 驿狗与驿羊 ………………………… 163

八 明清时期交通工具漫话 …………… 164
  1. 典礼仪仗活动用车 ………………… 166
  2. 轿车和敞车 ………………………… 167
  3. 人力车 ……………………………… 170
  4. 舟船 ………………………………… 170
  5. 骑乘 ………………………………… 181
  6. 轿子 ………………………………… 185
  7. 自行车的出现 ……………………… 188
  8. 铁路机车（火车）的引进和制作 … 189

9. 西方马车的引进利用 ……………………… 190
10. 汽车的出现 …………………………………… 191

参考书目 ……………………………………… 193

引 言

衣、食、住、行是人类社会最重要、最常见、不可或缺的生活方式。穿衣、吃饭、睡觉、行走是人类生存、社会生活的重要内容，它们既互有区别，又联系密切，相辅相成。

行，指出行或行走。出行意味着交通。行走的经常性和社会性最终导致交通的出现、交通工具的诞生和交通体系的逐渐确立与完善。交通是人类社会特有的现象，是对人类原始的行走方式、方法的升华、变革、提炼和集合，也可说是对人类行走革命的深刻注解和高度概括。"交通"两字，在古汉字中出现极早。商代的甲骨文中所见的"交"（ ）字，像一人上肢舒展下肢交叉站立的姿态，表达出交叉、交错的意义；"通"（ ）字是以"用"为声符，以"彳"（双人）、"止"（脚趾）做形符，构成了人行走的意义。甲骨文虽有"交通"两字，但尚未出现"交通"一词。"交通"一词约产生于春秋战国时期，《管子·度地》中有"万物交通"的句子，这里使用的"交通"一词是上通下达、万物沟通的意思，与行走革命的"交通"词义并不等同。汉晋之后,"交通"一词在古籍中的出现逐渐增多,如《史记·黥布传》中的"布皆与其徒长豪杰交通",《汉书·江充传》中的"交通郡国豪猾",陶渊明《桃花源记》中的"阡陌交通,鸡犬相闻"等等,均见"交通"一词的运用,其表达的意义主要是指人缘和地缘的相互沟通,与代表行走革命的"交通"寓意已基本接近。"交通"一词发展到现代,除了具有有形的、可视见的载体沟通含义外,同时也赋有诸多属于无形的、肉眼无法窥视的载体沟通内涵,如利用电波、声波传递声像信息等。

在人类行走能力革命的所有交通行为中,交通工具与道路是可视载体交通中两个最重要的组成部分。所谓交通工具,是指为人类的出行或货物运输提供绝对便利的载体或代步工具,它是对人类行走或运物能力的一种补充、延展和扩张。交通工具是人类行走能力和交通水平的重要显示器,交通工具的有无、优劣,能直接反映出时代、地域、民族的行走能力、交通水平和生产力发展的水平。在进入阶级社会之后,就独立的家庭、家族或阶层、群体而言,交通工具的有无,交通工具种类拥有量的多寡、质量的好坏,往往又成为地位、身份、等级的贵贱高低的标志。如商周时期的贵族以马车显贵,秦汉以后的权贵以马车、楼船、牛车、轿子等显贵,近现代的豪门富绅、老板大亨则以飞机、游艇、高级轿车等炫富……不难看出,交通工具的发展与人类社会生产力和意识形态的发展息息相关,它不仅深刻地反映了社会生产力水平和经济发展的一般情况，同时又反过来促进人类社会物质文明的进步。

自古迄今，人类创造和开发利用的交通工具种类名目繁多。但从宏观角度看，则可归纳出水、陆、空三大类。水上交通工具主要以筏、舟、船、舰、艇等为代表；陆地交通工具主要有动物牵引的车、橇，人力推动的独轮车、辇，机械动力的各种车子，还有据以骑乘的各种动物等；空中交通工具则有飞机、船、气球、信鸽、鹞等等。另外，现代社会还发展出诸如有线、无线电，卫星等通过电波、声波信号来传播文字、语言、图像的交通联络或通信工具。在中国古代社会发展史中，水、陆类交通工具扮演了至为重要的交通角色，而空中类则仅见信鸽和鹞等。本书对中国古代交通工具历史的追述，由于受时间和篇幅的限制，主要侧重在载物乘人的水、陆两类交通工具上。

一 中国古代交通工具溯源

中国是世界四大文明古国之一,历史悠久,文化灿烂。其中古代交通工具的发明与开发利用,便是这一灿烂文化中的一个重要组成部分。文献记载和考古成果表明,中国古代交通工具的发明、发生历史,可以追溯到非常遥远和古老的年代。

 有关交通工具起源的传说

中国古籍传说中出现最早的交通工具主要有舟、车、橇、樏等。

(1)舟。这是古人对船类物的一个总称或泛称。据古籍所载,舟船比车等在起源发生时间上更古老一些,古籍有不少关于中国舟船起源的传说。《世本·作篇》记载:黄帝的两位大臣"共鼓、货狄作舟";《周易·系辞下》则直接认为黄帝"刳木为舟,剡木为楫";《山海经·海内经》记有奚仲的父亲"番禺始作舟";《墨子·非儒下》认为是番禺的同辈兄弟"巧倕作舟";《吕氏春秋·勿躬览》则是"虞姁作舟"。上

述传说始作舟船的人物虽不相同，但比较一致地推断始作舟船的时间在夏王朝之前至黄帝时期前后，此段时间的绝对年代，依据近年来考古学、历史学的研究比勘而知，当在中国新石器时代（原始社会晚期）内。

（2）车。指用木质构件为主构成的带轮的供乘坐或搬运并用畜力牵引的交通工具。中国古代最早出现的车子，主要有马车和牛车两种。马车，《太平御览》引《释名》文"黄帝造车，故号轩辕氏"；《荀子·解蔽篇》"乘杜作乘马"；《吕氏春秋·勿躬览》"乘雅作驾"；《世本·作篇》"奚仲作车"；《左传·定公元年》"薛之皇祖奚仲、居薛，以为夏车正"；《说文解字》"车，夏后时奚仲所造"。以上传说始创马车的人物有黄帝、乘杜、乘雅、奚仲，其中乘杜、乘雅据学者考证认为是同一人而异名。故始造马车的人实际上只有黄帝、乘杜、奚仲三人，而按黄帝造车说，则中国马车的起源基本与舟船时限相同（此说由于出现稍晚，且影响较小，一般不被直接采纳）。乘杜是商朝的先世王公，奚仲是薛国的皇祖、夏代的管车官，两人均属生活在夏王朝时期的人，故据乘杜、奚仲造车说，中国古代马车至少在夏王朝时期便已发明并被利用。《史记·夏本纪》在讲述大禹治洪水故事时也说"（禹）陆行乘车"，如果这一传说可靠，则中国马车的始创至少在尧、舜时期已完成并获得较充分的利用。从学术界研究的现状看，研究中国古代史的专家对马车的起源时限大多持比较审慎的态度，倾向于乘杜、奚仲造车说。夏代已出现马车，马车的始创下限时间绝不晚于夏朝，这与文献传说是基本一致的，近现代学者也大多认可此说。牛车，指用牛作牵引，用于乘坐人或搬运货物的车子。《世本·作篇》、《吕氏春秋·勿躬览》等均有"王亥作服牛"的记述。王亥是商王的先祖，其生存年代大约在夏朝积年内；服牛，指用牛来拉车。据此传说，牛车的创制和利用最迟在夏王朝时期便已出现。

（3）橇。这是一种平底无轮的木质板状载体，用于载人和搬运货物。《史记·夏本纪》有大禹治洪水"泥行乘橇"的传说，如该传说属实的话，则木橇这种适应于泥沼地或雪地上行走的交通工具，大致在大禹或夏王朝时期便已发明和利用。

（4）檋。这是一种木质轿子般载体，靠人力肩扛而行，用于载人或物。其形类似现代四川山区流行的滑竿，《史记·夏本纪》在讲述大禹治洪水故事时也提到大禹"山行乘檋"的事，此说表明檋类交通工具至迟至大禹时期前后亦已发明并应用。

 从历史传说和考古发现看中国古代交通工具的渊源

上述古籍传说无疑为追溯中国古代交通工具的渊源提供了值得重视的线索和基础，受到了历代史学家的关注。现代的历史学家，除了借鉴这些传留下来的宝贵文化遗产外，又难能可贵地获得用考古发掘资料来研究、比勘、验证历史传说的机会。凭借着这种得

天独厚的时代机遇，对中国古代交通工具起源的追溯研究，其深度与广度，均大大超越了前人。

（1）舟船的起源。舟船作为一种水上交通工具，它的出现与人类早期的濒水生活环境密切相关。

中国一个重要的自然环境特点是江河湖泊众多。水是万物源泉，更是直接维系人类生命运动的重要物质之一。人类的生存缺不了水。从古代起，人类为了能更好地维系生命，维系繁衍，即便是在生产力极端低下的情况下，也能凭直观，凭欲望寻找有充足水源的环境安营扎寨。中国的情况如此，外国的情况也无一例外。水给人类带来了生命、生机和繁衍，水使人类的生活获得了最基本的保障。水虽造福于人类，但一水之隔，无法逾越，这显然又是水的弊端。

为克服水给人类带来的诸种不便及障碍，原始人类开始了对水性的观察与思索。在长时期的濒水生活中，人们发现：植物的枝干叶，诸如树枝、树干、树叶、竹竿、干草等能在水面上漂流，人若不小心掉进水中会因呛水而死亡，若落水者恰好抓住了一根漂流于水上的粗大树干，便能随树干而浮于水上免于溺死……久而久之，教训与经验促使原始人类逐渐认识到树干或竹竿类物能在水中不下沉。如果能利用树干或竹竿这种浮水力量来载人与物，使一水之隔相互沟通，则人逾江河就不会溺水身亡。当这种对树木、竹竿浮力的认识与人类的生活行为相联系起来后，最终会导致水上交通工具的发明与利用。

最早的水上交通工具究竟是什么？按事物发展从

简单到复杂的规律,在舟船正式诞生之前,可能还有一个木排或竹排发明使用的阶段。木排或竹排亦称作筏,《淮南子·氾论》中有"乃为窬木方版,以为舟航"之说。"窬木方版"即是空心树干组合成的方形木筏,它的制作技术应比舟船的制作简单一些。另外,除竹、木排外,最早的人类渡河办法可能还存在一种系浮木或瓠、罐等空心器皿的尝试。《庄子·逍遥游》说:"今子有五石之瓠,何不虑以为大樽,而浮乎江湖?"《释文》引司马注说:"樽如酒器,缚之于身,浮于江湖,可以自渡。"这一记述说的便是将空心悬浮物绑捆在身上渡河的情况。近现代渔民习惯在幼儿、少儿身上绑上一浮水的葫芦以防小孩掉水溺死的做法,实际上便是这种原始浮渡方法的再现或延续。竹排、木排或空木、瓠等可能是人类最早尝试发明利用的水上交通工具,但由于它们的利用都明显带有与舟船不能比拟的弱点,如使人、货容易或直接泡在水里进行浮渡等,所以并不是理想的水上交通工具,而且从造船技术的发展角度看,它们也不能算是船舶制作的直系祖先。船舶的直系祖先当是如《周易·系辞下》所说的"剡木为舟,剡木为楫"那样的独木舟。这种独木舟便是最早的舟船。

中国古代舟船的起源,据文献传说认为在黄帝时期。黄帝是一位传说人物,中国人习惯称自己为炎黄子孙,尊黄帝为中华民族的鼻祖。但鉴于黄帝是一个传说中的人物,故其生活年代的属限,在史学界迄今尚无定论,因而所谓黄帝时期,也只是一个约数,其具体的时限无法确指。如将黄帝时期暂且限定在原始社会范畴内,从而顺便将舟船的起源也带进此阶段,从宏观而论无可厚非,但要更准确地追溯舟船起源的具体年代,还必须借助于考古学提供的线索和证据。

舟船是水上交通工具,自然与水资源的存在息息相关。从中国古今的自然地理特点看,南方地区的水资源相对要比中原地区和整个北方地区更为丰富和优越。生活在南方地区水资源相当充裕的原始先民,整天与水打交道,出入见水,他们对水上交通工具发明利用的需求,肯定比北方地区强烈得多。故追溯中国古代舟船的起源,南方地区当是一个最为重要、最引人注目的地区。中国古代舟船究竟是从什么年代、在什么地区最早出现的?关于这一问题,仅就现有材料而言,尚没有一个准确的、令人满意的答案。但考古发现逐渐给人们勾画出了一个基本的轮廓并提供了一些极为重要的线索与信息。

据考古发现,浙江省余姚县河姆渡和湖南省澧县城头山等新石器时代遗址,均先后发掘出土了完整的木桨实物[见图1—(1)],后者还同时出土了木舵实物。这些木桨、木舵实物,从形态和尺寸上观察,显然都是属于独木舟上使用的船具,尽管这些遗物发现有限,且未见独木舟同出,但仅据此便可推定,至迟在距今六七千年的长江中下游地区便已发明了独木舟。在浙江杭州水田畈和吴兴钱山漾新石器时代遗址中,也都先后出土了五千年前的木桨实物,从而进一步证实了长江流域地区在新石器时代独木舟这种水上交通工具已获得迅速发展和广泛应用。

此外，在追溯中国舟船起源的实物线索中，河姆渡遗址曾采集到一件完整的陶舟，辽东大连沿海的郭家村新石器遗址中也出土了一件仿舟陶器。这两件陶舟形象逼真，可视作是独木舟模型，它对探索中国早期独木舟形态无疑具有重要的意义。[见图1—（2）（3）]

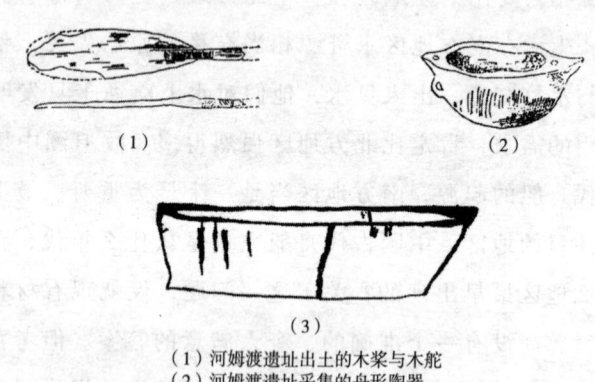

（1）河姆渡遗址出土的木桨与木舵
（2）河姆渡遗址采集的舟形陶器
（3）大连郭家村出土的仿舟陶器

图1　新石器时代的木桨、木舵及舟形陶器图

（2）车的起源。中国古代的车，主要是马车和牛车，它们均是陆路的重要交通工具。追溯中国古代马车和牛车的起源，还需从家马、家牛的饲养起源谈起。中国古代家马饲养术据陕西西安半坡，山东历城城子崖，河南汤阴白营，吉林扶余北长岗子，甘肃永靖马家湾、秦魏家，内蒙古包头转龙藏，江苏南京北阴阳营等考古遗址均先后发现有马骨的情况看，有可能在新石器时代便已出现。马车是家马与车的结合体，是家马饲养水平达到相当高度才可能产生的事情。鉴于前述新石器时代遗址发现的马骨,学术界尚存在争议以及未见任何木车实物,故仅从目前的考古发掘资料看,中国古代马车发源于新石器时代的迹象尚不明显,只能追溯到进入阶级社会后的夏王朝时期;但若据《太平御览》引《释名》传说的"黄帝造车,故号轩辕氏"的记述,也不能排除马车渊源于原始社会时期的可能性。考古资料表明,中国古代家牛饲养术的出现时间比家马早得多,在证据上要比家马充分而确凿,位于长江流域的江西万年仙人洞和湖南澧县彭头山、石门皂市等古代遗址,均先后出土有水牛的骸骨。这些水牛骸骨若确证属家养水牛,中国家养水牛的历史至少可追溯至七八千年以前。浙江余姚河姆渡、江苏吴江梅堰、浙江嘉兴马家浜以及山东大汶口文化等考古遗址中出土的较大量的家牛骸骨,均有力地说明了至迟在中国新石器时代的中、晚期(距今六千至五千年期间),家牛的饲养在中国南、北地区均已十分发达。牛车是家牛与车结合的产物,家牛饲养业的发达,为牛车的利用开发提供了条件,但并不一定会产生牛车。由于牛行的速度缓慢、性情温和,故据目前的考古资料看,中国新石器时代普遍饲养的家牛,其利用开发尚局限在农田耕作上,未见利用其拉车迹象。牛车的利用线索目前也只能据文献记载,最早上溯到进入阶级社会之后的夏王朝年间。

(3)关于橇、檋。橇、檋在中国新石器时代文化中尚未见到实物,故中国新石器时代是否存在过这两种交通工具,尚无法论定。即使据文献传说推定此两种工具在大禹治洪水时期便已使用,也有待今后考古出土实物的进一步验证。

综上所述可知,中国古代交通工具的发源或孕育准备期,是在原始社会阶段的新石器时代。最早出现的交通工具是水上浮木、木筏、竹筏及独木舟等。陆路交通工具出现得相对较晚。水上交通工具恐怕最早应是在南方地区率先发明使用,然后逐渐向其他地区推广普及的。而陆路交通工具的渊源,从道路要求和文献资料及传说看,估计最早当始于中原地区或北方地区。中国新石器时代水上交通工具的产生与初步发展,奠定了以后水上交通工具发展的基础,同时也可能启发和促进陆路交通工具在同时期中的逐渐萌芽乃至出现。陆路交通工具的发展痕迹,虽然在新石器时代文化中尚未发现,但从商周时期考古发现的马车制作已达到相当的技术水平看,估计夏代不应是中国陆路交通工具发源的起点,其渊源的上限随着时间的推移和考古工作的深入,相信会逐渐上溯到新石器时代原始社会晚期。

二　夏、商、西周时期交通工具漫话

夏、商、西周时期是中国历史从原始社会进入奴隶社会的重要阶段，是中国文明形成、国家和城市形成并获得初步发展的重要时期。交通工具在本质上对国家、城市的发展具有非常重要的促进作用，锋利的青铜工具和新的社会环境又促进和推动了这一时期交通工具的迅速发展。

 夏朝的服牛、乘马和荡舟

服牛，指用牛来拉车，简称牛车；乘马，指以马来驾车，简称马车；舟指船或小船。

（1）牛车。《世本·作篇》中有"王亥作服牛"。史学家认为王亥是牛车始创人的观点，直接源于此条记载。据文献所载，王亥是商代的七世祖，生活在夏王朝统治初期，据此或可认定，夏王朝初期牛车已得到一定程度的开发与利用。夏朝初期牛车的应用，除了用于农业生产外，可能还出现了利用牛车运载货物

到较远的地区进行商品交易活动的行为。而惯用牛车引重致远的人，大约主要是夏朝初年的商民族。从商民族居住环境看，这种牛车的牵引动力主要是中原或北方地区常见的黄牛。

以河南偃师二里头遗址为代表的二里头文化在中原地区已有较广泛的分布，其文化性质和年代，考古学者大多认为与传说的夏王朝密切相关。在二里头类型考古文化中，虽然屡见家牛骨骸的出土，但迄今尚未见到木车的出土实物。夏朝牛车的形制和结构等情况，有待今后的考古新发现来揭示和阐明。

（2）马车。夏朝马车的应用情况，古文献记述较多。《史记·夏本纪》记载大禹治洪水时"陆行乘车"，《世本·作篇》中有"奚仲作车"，《山海经·海内经》中有"番禺生奚仲，奚仲生吉光，吉光是始以木为车"，《左传·定公元年》中有"薛之皇祖奚仲，居薛，以为夏车正"。以上记述提及的大禹、奚仲、吉光等人物，均属于夏朝前或夏王朝建立时期人，与这些人物相关的车，均指马车。若禹"陆行乘车"之说可靠的话，那么在尧、舜统治的晚期，中国便已出现了马车。若此说不可靠，那么奚仲或吉光不管是谁始创马车，均可说明夏王朝时期已发明并使用了马车。文献传说较集中地认为奚仲或吉光是马车的创始人，可能暗示着从奚仲开始的薛氏家族或国族，曾是夏王朝时期专门从事马车制作的世族。与这些传说相对应的是《世本·作篇》的"相土作乘马"的记载，相土是商王朝王族的三世祖，生活在夏王朝初年。这一记载表明，在夏王朝初年，除了薛国（族）在制作利用马车外，商族人也在制作和利用马车。当然，文献传说展示的夏王朝时期马车制作与利用的情况，迄今尚缺乏形象资料。相当于夏王朝时期的河南偃师二里头类型考古学文化，亦未发现有关当时的马车实物遗迹，故夏朝的马车形状、大小及结构等具体情形尚有待今后考古发掘的揭示。考古发掘二里头文化遗址中发现的青铜礼酒容器、铜马铃、圆泡饰、马骸骨及宫殿建筑等，从不同的角度为夏朝已发明并利用马车的文献传说提供了有力的旁证。据文献记载，夏王朝的第一个国王叫启，史称夏启。夏启建国后，除了进行"征西河"（《竹书纪年》）的军事活动外，还"大战于甘"（《尚书·甘誓》），讨伐有扈氏。启所发动的一系列军事征伐活动，以及夏王朝其他诸王对敌对国进行的一系列征伐活动乃至夏王朝覆灭、国王桀出逃等活动，都是借助了当时已经得到较普遍应用的交通工具——马车。夏王太康乃至后羿等王的"淫于原兽"（醉心于游猎）活动，也同样少不了马车的帮助。从马的开发利用历史看，最早对马的利用是用马来拉车。骑马的历史当始于马车的开发利用达到一定程度之后。故夏王朝文献传说的乘马内容，实际是马车利用。夏朝的马车利用最重要、最常见的应是出行巡狩和军事征战。

（3）舟。夏朝有关舟船应用的情况，在古籍记载中也有所反映。《论语·宪问》说"奡荡舟"，奡是夏朝时名人之一，其所荡（划）的舟应是独木舟。夏朝沿用着新石器时代以来使用的独木舟，由此可见一斑。

考古发现的舟船实物以甘肃齐家文化和福建崇安武夷山发现的船棺年代为最早，相对年代约在距今三四千年间。这种船棺原本是一种死者生前使用过的舟船。它的外形和内部结构均较简单，是将一根粗大的整木通过简单挖槽、修削整形而成。齐家文化和武夷山船棺的年代，大约与夏王朝积年有时重合。故它们也可暂视为夏代舟船的一个范例。当我们认识了齐家文化和武夷山的船棺形态后，可推测到夏代独木舟的形态。夏代的独木舟制作技术尚保持着较原始落后的特点，制作粗糙，主要用作一般渡河的渡船，仅可载一两个人或少量货物。

 **商代的交通工具**

据文献记载和考古发掘资料可知，商代的交通工具的种类要比夏王朝时期有所增多，而且，利用的内涵更趋详尽。现在已知的当有牛车、马车、独轮车（辇）、辇、舟船和骑驭大象等等。

（1）牛车。商族人使用牛车的事迹自古遐迩闻名。前节引用的《世本·作篇》中的"王亥作服牛"的记述，除了说明中国古代牛车至迟在夏王朝时期便已得到正式使用外，同时还着重提示最早开发利用牛车的人或氏族是商王族的祖先。从商王族的七世祖王亥开始，商族人便已"肇牵车牛远服贾"（《尚书·酒诰》），到了商汤立国至殷纣王统治的商殷王朝时期，这种驾驭牛车、引重致远、交易有无的传统，得到了空前的发展。乃至于到了东周时期的诸子百家，在发思古之幽情时，仍念念不忘"殷人之王，立帛牢，服牛马，以为民利，而天下化之"（《管子·轻重戊》）的业绩。综合文献记载的情况，商代牛车的利用是较普遍的，作为一种重要的运输交通工具，主要对商品交易活动和农事活动发挥着重要的作用。商代的牛车形状和结构，文献记载语焉不详，加之考古发掘尚未见到实物遗迹出土，故对其车子形制特点的揭示尚有待时日。

（2）马车。迄今所见中国古代最早的马车实物是安阳殷墟等地出土的商代晚期马车，考古发现的商代马车数量现已有20多辆。从出土实物并结合商代甲骨文、金文"车"字形体情况可知，商代的马车是一种曲形独辀（单辕）、两轮、横长方舆厢、后开门、直衡或曲衡、有部分铜质配件、主体均为木质的车子（见图2）。这种车子均用两匹马作为牵引动力。商代马车的构造不存在因车子用途不同而产生的区别，即商代马车仅见一种形式，当其用于作战时，可称为战车，而当其用于一般载人时，又可称为乘车。商代的马车，是一种高贵的交通工具，是权力和地位的标志，只有王公贵族能乘用马车，死后亦使用马车殉葬。一般的平民百姓，除驭车者外，是没有能力也没有权力乘坐马车的。商代马车的形体结构，奠定了中国独辀马车发展的祖型，并对后来西周、东周时代马车形体结构的发展有重要影响。商代马车主要由衡、辀、舆、轮、轴等几大部分构成。衡多是长圆棒或直衡，也见有两

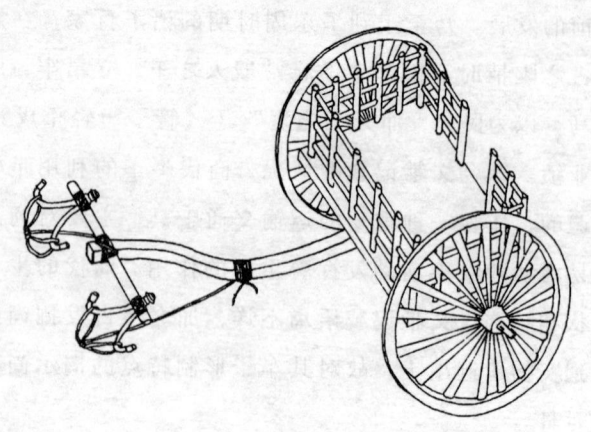

图 2　商代独辀马车复原示意图

(安阳孝民屯 M1613)

端上翘的曲衡。辀即辕,辀头端一般向上弯曲,辀长在 2.6~2.9 米左右。舆厢宽大,一般进深在 1 米左右,横宽在 1.3~1.5 米左右。车轮径一般在 1.2~1.5 米之间,轨距在 2.1~2.4 米之间,车轮辐条绝大多数为 18 根。车轴一般长 3 米左右。商代马车的完整组合是通过轭靷法将马匹与车子有机地牵系在一起达成的。

③ 辇。指独轮手推车,现称鸡公车或羊角车。1986~1987 年,安阳殷墟花园庄发掘出一处殷代骨料坑场,在骨料坑场中除发现大量废骨料外,还发现 14 条车辙痕迹,据对车辙平行距离和其他现象分析,这是一些双轮和独轮手推车留下的痕迹。据此推测,商代存在一种独轮的手推车,因手推车的痕迹已无存,故其具体形体结构还不清楚。

(4) 辇。商代铜器"辇卣"中有铭文"辇"字,其形酷似两人在挽车,这是当时辇车的形象写照。结合前述花园庄骨料场坑发现轨距均小于常见出土马车的平行车辙情况分析,商代亦存在这种双轮手推车,辇和前述的肇的用途均限于运物,属一种人力交通工具,其具体形制结构由于未见出土物而无法详明。

(5) 舟船。商代的舟船,据殷墟出土甲骨文中的"舟"字形体看,已不是由独木加工而成的舟,而是使用若干木板结合加工而成的木板船,但船的形体外貌仍与独木舟相类似,载重或载人的能力虽比独木舟稍强,但仍十分有限。

(6) 骑驭大象。《吕氏春秋·古乐篇》有"商人服象,为虐于东夷"的传说。殷墟发掘出土的象和象奴共葬的象坑,青铜器铭所见的"执象"和"象"族徽,似可与文献传说相互引证,它们暗示殷代已有驭象、服象的举动。殷人的服象,很可能是以骑乘为主。象性情温和、速度较缓慢,且脊背宽敞平坦,故殷人利用骑乘大象代步是完全可能的。

 西周时期的交通工具

在商代交通工具发展的基础上,西周时期的交通工具开始朝着逐渐完善的方向发展。最突出的是马车的精工细作,种类增多和系驾方式、方法的改进。综合古文献记述和考古发掘资料可知,该时期交通工具的种类大致有牛车、马车、人力车、舟船等等。

(1) 牛车。《诗经·小雅·黍苗》中有"我车我

牛"，这是明文谈论西周牛车的诗句。其他文献所载的西周牛车情况是语焉不详，考古发掘目前还难觅形象出土品，故有关西周牛车的具体形制，还有待今后考古发掘来揭示。仅据文献提供的线索看，牛车是西周时期在民间流行的主要交通工具，其作用是运货载物兼载人。牛车因主要用于载物，其体形较马车稍大，故又被称作大车。《诗·小雅·何草不黄》有"有栈之车，行彼周道"的描述，《周礼》中也有"士乘栈车，庶人乘役车"的表述。栈车被认为是一种用竹木散料制成或车舆用竹木条编结而成的车子；役车顾名思义是一种与劳役运货有密切关系的车子。在礼制观念严明，以乘用马车作为明贵贱、别等级标志的西周时代，士人和庶民乘用的栈车和役车，当应是用牛牵引的牛车。

（2）马车。周承商制，在马车的形制特点上体现得十分明显。考古资料揭示的西周马车形式，是一种"殷骨周风"的独辀方舆双轮车。河南浚县辛村、陕县上村岭、陕西长安张家坡、北京房山琉璃河、山东胶县西菴、甘肃灵台白草坡等多处遗址中发掘出土的十多辆西周马车实物，基本展示了西周马车形制特点的风貌。据对出土物的观察，西周马车的衡形有直衡和曲衡两种。曲衡是发展的主流，并分长、短两类：长衡用于系驾四马，长 2.1~2.4 米；短衡用于系驾两马，长 1.1~1.3 米。长衡是该时期新发展的衡制，与商马车衡有着明显的区别。西周马车辀也是曲形独辀，长 3 米左右，形态和长度与商车辀相近。西周马车舆横广1～1.6米，进深0.7～1米，舆门均后开，与商车舆厢形态仿近。西周马车双轮与商车轮亦较多共性，轮径在1.25～1.45米，车辐条数从18～28根不等，但以18～22根者居多；车轨距1.84～2.44米，轴长2.2～3.2米。在零部件和车饰、马饰的制作上，西周时期明显比商代更讲究精工细作、功能完备、外观华丽和坚固耐用，如铜銮、铜镐、铜釭、车䡇和一些车饰、马饰都是商车所没有的。为增加马车的牵引力和速度，系驾的方法在商代用二马牵引的"骈"法基础上，又新发展出用三匹马牵引车子的"骖"法，继而又施用了用四匹马牵引一车的"驷"法。四马系驾的"驷"法奠定了东周时期驷制马车迅速发展的基础。西周马车的形制种类，依发掘实物仅见独辀双轮的商式车一类（见图3）。文献传说的西周马车种类繁多，粗略而论至少可区分出战车和日常生活用车两大类。文献所述的西周马车种类，据考古资料，恐怕大都是因用途不同、外观装饰有别而形成的。即不同用途、不同名称的马车，在外观装饰上均有不同设置，但在主体形制结构上，绝大多数是同一种曲形独辀、方舆、双轮、后开门形制的马车。但也有例外，北京房山琉璃河西周早期车马坑所见的马车，是由四匹马牵引，有三根车辕，舆厢门朝前开的双轮马车。这可能是属于一种带浓烈地方色彩的马车形式。中国现存最早的一部诗歌总集（《诗经》）中有许多有关马车的描述，如"惠而好我，携手同车"、"其车既载，乃弃尔辅"、"何以赠之，路车乘黄"等是对乘坐马车和马车外观的

21

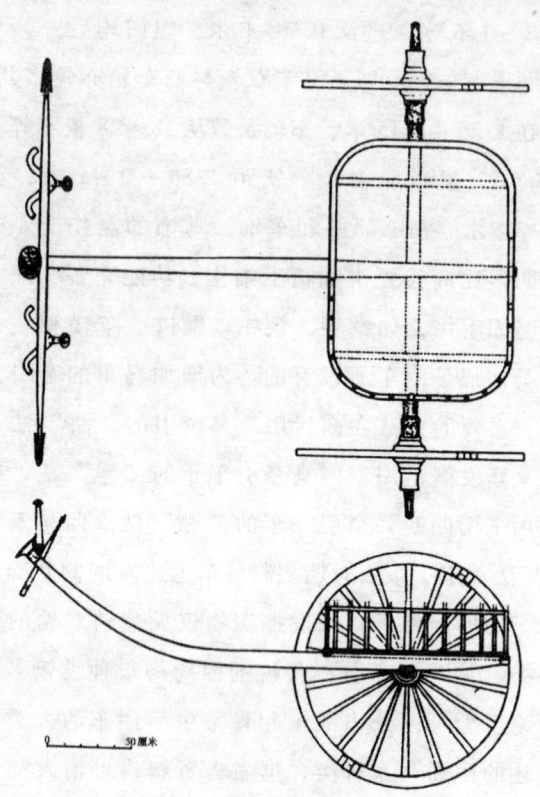

图 3　西周马车复原图

（河南浚县辛村 M1）

赞赏，其中《大雅·烝民》中有"四牡彭彭，八鸾锵锵"、"四牡骙骙，八鸾喈喈"等诗句，这里的"四牡"即指四匹驾车的公马，"彭彭"、"骙骙"等则是对四匹公马拉车奔走时矫健威壮身姿的形容和溢美。四马拉车，马蹄声声，车轮滚滚，八铃锵锵，可以想象在西周时期是一个十分壮观的景象，故其成为当时人们和后代文人叹羡和歌咏的重要对象。中国古代成语有"一言既出，驷马难追"，其中的驷马指用四匹马牵引的车子（驷是中国先秦时期四马驾车或马车的代名词）。驷制马车从现有考古资料看，实创始于西周时期，并在西周时期获得迅速发展。西周时期除驷制马车大出风头外，由商代延续发展而来的以两匹马牵引的骈制马车也在广泛地利用。对西周人而言，疾驶的马战车，华丽装饰的马乘车，可以说是司空见惯，不足为奇。但由于马车制作和驾驭技术仍是一项具有相当难度的高精技术，制作一辆实用的马车十分不易，故从当时的经济基础和技术水平看，马车仍是一种相当高档和华贵的交通工具。不管是战争或日常生活，当时马车依然与商代的情况差不多，是一种豪华奢侈的交通工具，有条件或有资格乘用马车的人，依然是当时的王公贵族。贵族统治阶层生前拥有、乘用马车作为炫耀权力、富贵和地位的标志物，死后则将贵重的马车带入坟墓，将马车作为最昂贵的殉葬品。

（3）人力车。包括独轮车"辇"和双轮挽车"輂"，《诗·小雅·黍苗》有"我任我輂"的描述，西周金文亦见"輂"字。在商代已出现的双轮人力挽车"輂"，在西周时期亦作为一种民间通用的短程交通运输工具而被应用。从輂的沿用情况推知，西周时期亦同时沿用着独轮人力车"辇"。西周的輂、辇形态，因缺乏考古实证，其详情还有待考古发掘补论。《周礼·周官》注引司马法语"夏后氏谓辇曰余车，殷曰胡奴车，周曰辎辇"，据此解释，则西周的辇又可称为辎辇。

(4)舟船。舟船是西周时期重要的水上交通运载工具之一,尽管考古资料尚缺乏直接的形象证据,但据文献记载可知,西周的舟船制作与利用比之商代又前进了一大步。西周的水上交通工具现知至少有独木舟、筏和其他较大型的木船等。《诗·周南·汉广》中有"江之永矣,不可方思",其中的"方"即筏,可能是竹筏、木筏或皮筏,这是一种小型的渡河工具。《诗·大雅·棫朴》"淠彼泾舟,烝徒楫之",这是描写在一艘较大型的船上,有许多人一起划桨行船的情形。《六韬》载:"武王伐殷,先出于河,吕尚为后,将以四十七艘船济于河。"这是描述周武王伐纣时,吕尚指挥军队乘上47艘木船渡过黄河的传说。传说过河时吕尚用这47艘船完成了载渡战车300辆、战士近5万人的任务,在渡河中,一条白色鲤鱼跳进武王乘坐的船中,从而形成了"武王伐纣,白鲤跳舟"的故事。且不管此故事传说的真实与否,武王伐纣,长途跋涉,途经河水险阻定然不少,如果当时没有较大的船只作为渡河工具,其大军压境、兵临殷都并取得迅速的胜利是不可想象的。故据此推知,西周时期至少已能制造并利用较大的木船作为渡河交通工具。不啻于此,从《诗·大雅·大明》"造舟为梁,不显其光"的记述看,西周时期还出现了在河上连接舟船、船上铺板搭成浮桥的技术,造舟为梁即并船成桥。这种浮舟无疑是西周人对古代交通工具所作的一个重要贡献,并对后代桥梁的发明具有重要的启示意义。

三 东周时期交通工具漫话

公元前770年，周平王东迁雒邑（今河南洛阳），史称东周。从周平王始至周赧王五十九年（公元前770～前256年）为秦所灭，东周历经514年，其间先后出现春秋五霸和战国七雄局面，故习惯上又将东周分为春秋和战国两大阶段。东周时期，是中国古代政治制度发生重要变革的时期，同时更是社会生产力水平和经济水平空前大发展的时期，与之相应的交通工具在此时期也有了迅猛发展，并进入先秦时期交通工具发展的繁荣时期。

东周时期交通工具发展最突出的成就是出现了骑马（骑兵）、骑驭骆驼、双辕马车的开发利用，以及舟船被成功和广泛地应用到战争中。东周时期的交通工具种类主要有牛车、马车、驴车、羊车、人力车、舟船、骑马、骑驭骆驼等等。

 **东周的牛车**

夏、商、西周时期的牛车，在形制结构、制作技

术和系驾方法上，基本是马车的翻版，只不过是牛车形体一般较马车要大，故古籍中习惯视牛车为大车，马车为小车。《论语·为政》："子曰：大车无輗。"《集解》说："大车，牛车。"显然，这种广泛流行于夏、商、西周时期的"大车"，是当时通行的牛车形式，这种形式据《论语》的叙述，至少在东周初期仍在沿袭运用。春秋战国时期，是中国历史上非常有名的变革开放时代，政治制度在变，社会关系在变，诸侯群雄并起，经济发展迅猛，东西往来，南北沟通，百家争鸣，百花齐放。在这种沸沸扬扬的时代背景下，作为科学生产技术的一个重要组成部分——牛车的制作，也毫不例外地取得了形制设计和加工技术上的重要突破，突破的主要标志是出现了一种全新的双辕无辐双轮牛车。这种双辕牛车的考古实例见于1976年陕西凤翔八旗屯东周秦国墓地BM103出土的两件双辕牛车明器模型。这两件明器模型均是陶、木结构，即两牛（一牡一牝）和车轮均为陶塑品，出土时保存良好；车辕、轴、舆等立体部分均为木质，出土时已朽为灰烬，但车子痕迹仍然清晰可辨。车子主体形制是双直辕和无辐双轮，由一牛牵引。车子模型是牛车实物的缩影，它们的发现，除直接说明战国初年已兴起牛车模型随葬的风俗外，同时又暗示了牛车实物的随葬和双辕牛车的发明使用很可能在春秋时期便已发生，中国双辕牛车或双辕车子的渊源也因此可上溯到春秋时期。东周时期的双辕无辐实心双轮牛车形式，是一种新兴的形式，在它的发明利用初期，当经历了一段与传统的独辀有辐双轮牛车并行利用的时期。随着社会的进步和发展,双辕牛车的制作更趋于精工讲究并最终淘汰了传统的独辀牛车。在双辕牛车不断完善发展的过程中,其对同期的双辕马车的出现和发展亦有重要影响,并为秦汉以后双辕车的大发展、大流行奠定了非常重要的基础。

 **东周的马车**

东周时期是中国先秦马车发展至为重要的时期。在这一时期中,传统的独辀马车在制作技术和经济应用上均获得了充分的发展,新型的双辕马车也开始应运而生。更引人注目的是,一部较为详尽的总结手工制作技术,尤其是车子制作技术经验的系统理论专著《考工记》正式问世。这种发展与创新、实践与理论并驾齐驱的局面,是前期无法比拟的。

(1)《考工记》与东周的马车制作。《考工记》是中国古代最重要的科学技术著作之一,是我国现知最早的一部手工艺技术专著。《考工记》问世的东周时期,是中国古代科学文明史一段光辉灿烂的时期。当时,政治变革,风起云涌,思想解放,群雄争霸,诸子著述,百家争鸣。《考工记》作为当时实际生产技术和有关科学知识的总结,是与当时变革开放的潮流和生产发展迅猛的态势密切相关的。它翔实地记录了当时手工生产各行业的技术标准、程序及成就,真实地反映了东周时期手工业发展的概况和技术水平,它与几乎同时问世的《墨经》一起，犹如两颗璀璨的明珠，交相辉映，成为后人了解探讨东周时期科学技术发展历史的重要著作。

《考工记》是一部介绍当时手工业工匠即"百工"生产技术或技艺的实录，所谓"百工"也就是工匠的代名词。《考工记》中的"百工"行业，均属于当时官营的手工业，共分出三十个工种，即"攻木之工七，攻金之工六，攻皮之工五，设色之工五，刮摩之工五，搏埴之工二"，其中有关车子（马车）制作之工，是"百工"中最为重要的部分，故内容占了全书的最大比重。其原因主要是"周人上（崇尚）舆（车舆）"和"一器而工聚焉者，车为多"。

《考工记》中有关"轮人"、"舆人"、"辀人"和"车人"的叙述，全面介绍了东周时期木制马车的设计制作规范和技术水准，它无疑是迄今所知世界上最早的制车大全。概括而言，"轮人为轮"节反复论述了轮毂、辐、牙的形制、结构和工艺技术要求，指出了检验车轮部件质量的"规"、"萬"、"水"、"县（悬）"、"量"、"权"六种方法；"轮人为盖"节阐述了车伞盖形制、结构和工艺技术要求；"舆人为车"节系统阐明了车舆（厢）的形制、结构和制作技术标准；"辀人为辀"节除了详细介绍辀的形制特点和制作要求外，还对车厢、车盖、车轮等的设计成形意图或寓意作了表述；"车人为车"节则重点对牛车、羊车的形制与制作要求作了介绍。《考工记》中有关马车形制和制作技术的阐述与介绍，为我们考察东周时期马车的真实面貌提供了非常重要的文献记录依据。后代学者据此曾作过不少有关《考工记》车制的研究与复原,其中清代学者戴震的《考工记图》、程瑶田的《考工创物小记》、阮元的《考工记车制图解》等等,均对《考工记》的车子形制进行了复原尝试,掀起了研究《考工记》车制的热潮。但由于时代局限,清代及以前学者仅据《考工记》文字表述进行的古车复原,显然与近现代考古发掘出土的先秦时期马车实物差别甚大,故欲知《考工记》所述的东周时期马车的真面目,还要借助20世纪50年代以来考古发掘出土的东周车马坑资料。

(2) 考古资料揭示的东周马车。考古资料包括实物资料和图像资料两部分,实物资料主要见于殉葬用车马坑,图像资料则主要见于铜器、漆器纹饰和个别岩画中。综合考古资料分析可知,此时期马车的形制特点可分为两类:一是传统的独辀古乘车,二是新出现的双辕坐乘车。

传统的独辀古乘车,是从夏、商、西周的独辀立乘马车直接发展而来的。据河南陕县上村岭虢国墓地发掘出土的多辆马车实物遗迹观察,春秋时期的独辀马车形制与西周马车相似,辀长均在3米左右,轮径约1.2米,轮辐以25、26根为常见,轨距约1.6~2米,车厢广(横长)约1.3米、进深(宽)约0.8~1米、高约0.3米,轴长约2.2米,这是一种独辀、横长方舆、后开门、双轮并由两匹马牵引的马车形式。它与西周时期同类马车的主要区别在于轮径相对较小、辐数增多、车舆较小、轨距较小、车轴较短等。而据河南辉县琉璃阁、洛阳中州路等处出土的马车实物遗迹看，战国时期的独辀马车，其轮径约1.4米，个别小轮的轮径约1米，轮辐多为26根，轨距约1.8~2米，车厢广约1.2~1.6米之间、进深约1米左右、高约0.4米，辀长约2米，轴长约2.4米，与春秋马车相比，它的轮径较大、辀长缩短（见图4）。东周时期的这种马车，与西周时期相仿，使用铜质零配件较多。东周时期，礼崩乐坏，周天子名存实亡，诸侯群起，争霸称雄，各诸侯国之间，战争频繁，干戈不息，作为当时重要交通工具的独辀马车，由于具有能载人、速度快的优点，被利用到战争中的场合就比殷代、西周时期更多。在当时制车技术迅速提高的便利条件下，以独辀马车为主要战斗工具的车战便成为当时战争的一种主要方式。车战的历史，就目前资料看约始于殷代，经西周的沿用，至东周时期达到中国车战历史的巅峰。用于车战的马车，习惯上称为战车，古籍中亦

图4 东周马车复原图

（河南辉县东周墓出土）

称为"兵车"或"戎车"。从实战和显耀的角度出发，这种战车的制作通常较为讲究，除了实战中要求坚固耐用、性能良好等特点外，其零配件和车身装饰以及驾马装饰也都十分讲究，《诗·秦风·小戎》曾有一段颂扬秦襄公时（公元前777~前766年）战车军容的描述："小戎俴收，五楘梁辀。游环胁驱，阴靷鋈续。文茵畅毂，驾我骐馵。"轻便的战车，辀上缠上花皮条五道，缰绳通过游环牵引骖马，靷绳（皮）用银环相连，舆厢铺着漂亮的席垫，车毂宽畅，由骏马牵引。屈原的《九歌·国殇》更是一幅令人回肠荡气的车战图画："操吴戈兮被犀甲，车错毂兮短兵接。旌蔽日兮敌若云，矢交坠兮士争先。凌余阵兮躐余行，左骖殪兮右刃伤。霾两轮兮絷四马，援玉枹兮击鸣鼓……"这是多么惊心动魄的战斗场面啊！这些生动逼真的描写，为我们进一步遐想东周时期车战或马车出行的威武壮观景象提供了重要的形象根据。据文献所载，东周的这种独辀马战车，在集结军队运动作战时，首先用于运载粮草或武器。驻军时则用来结营扎寨，战斗时则用来冲击敌人阵地。牵引这种战车的动力，通常由四匹马组成。一辆战车的完整组合是一辆车子、四匹马和战士若干名，这种组合亦称为"乘"。春秋时代，"乘"已成为计算国力、兵力的基本单位。一乘四马，这在大多数场合下是通行的；但一乘配甲士多少名，有不同的解释，或认为一乘配甲士3人、步卒72人，或认为一乘配甲士10人。《左传·闵公二年》载"齐侯使公子无亏帅车三百乘、甲士三千人，以戍曹"，

三　东周时期交通工具漫话

《诗·鲁颂·闷宫》载"公车千乘……公徒三万",《孟子·尽心》载"武王之伐殷也,革车三百,虎贲三千人",《吕氏春秋·简选》载"武王虎贲三千人,简车三百乘"。由以上记述看,一乘配甲士10名的说法较为可信。春秋时期,大约仅有周天子辖地能称之为"万乘之国",万乘之国的兵力至少达10万人。而其他诸侯国,在春秋初期的齐、鲁、宋、卫等国,都可进入"千乘之国"行列;至春秋晚期,能够得上"千乘之国"国力的至少有齐、晋、秦、楚等国。战国时期一乘战车的配备,从总体情况看,当与春秋时期相似,但据个别战国铜器花纹显示的情况,战国时期的马战车也有仅用两匹马来牵引的。(见图5)

(1)驷制马车　(2)骈制马车

图5　东周马战车

(战国铜器图纹)

双辕马车是一种新兴的马车形式,这种形式目前多见于图像资料,实物遗迹在考古发现中较少。图像资料显示,双辕马车发明和使用的上限最早可上溯到战国时期。就目前的发现情况而言,双辕马车的诞生很可能是受到春秋战国时期双辕牛车的发明和广泛利用的影响所致。据战国铜器和漆奁提供的双辕马车图像可知,战国时期的双辕马车在形制结构上已发展得非常成熟完善,其特点是:双曲辕,一马牵引;舆厢为广度窄、进深较长的长方形,舆门前开;舆身近似亚腰形,左右和后壁均可倚靠;双轮轮辐为 11 根左右,轨距较窄,舆厢中心部竖立一圆形伞盖,车上连驭者可坐乘 2 人。另外还有舆身低矮、带四维伞盖的车型,该车型可坐乘 3 人(见图 6)。另外,河南淮阳马鞍冢战国晚期墓 1 号车马坑、甘肃秦安战国秦墓中

图 6 东周双辕马车

(战国铜器图纹)

亦都发现有驾一马的双辕车实物遗迹。这些双辕马车的形制结构基本与后来汉代的安车无异,实为安车发展之先驱。它或可以说是最早的、名副其实的、能够安坐乘用的"安车"。这种"安车"的出现,无疑是对传统独辀马车制作的一个重要突破,是对传统乘车习惯的一个重要而合理的改良,它对秦汉以后中国古代马车形制的发展具有非常深远和重要的影响。

（3）文献记载的东周马车。除以上考古资料揭示的东周马车种类外,先秦典籍中还记载有一些根据用途而区分的马车种类。

楼车,是古代战车的一种,因车子上设有望楼故名。楼车的主要功用是作战时可居高临下,窥探战场敌方阵形和兵力等虚实情况,以便知己知彼,争取战斗的胜利。据文献所载,最迟在春秋时期,楼车便已被应用到战场上,时人或后人亦称其为"轈车"和"巢车"。《左传·宣公十五年》"（解扬）登诸楼车,使呼宋而告之",《左传·成公十六年》"楚子登巢车以望晋军",都是楼车应用的实例。至于楼车的形制结构,因考古尚未见到实物痕迹,古器物中也未见到图像实录,故其确切形态尚无法具体描述。从其用于战争和搭筑望楼的迹象推测,这种楼车可能是在当时流行的四马曳引的独辀马车基础上加筑望楼而成的。

传车,东周时期称为"驲","传"是传递消息、命令的意思。古人交通能力有限,传递消息、信件或战斗命令,通常是采用接力赛跑式的方法,即每隔一段距离设立一个传递所。传递所又称为驿站,文书要件通过驿站的传递而到达收件人的手中。每一驿站均备有专门的驿传车子或马匹，这种驿传车叫做"传车"或"驲"。传车的速度很快，据说有用四匹马拉的，也有用两匹马或一匹马拉的，凡遇特急情况者，一般应用四马传车，《左传·文公十六年》"楚子乘驲，会师于临品"，《国语·晋语》"晋侯乘驲，会秦于王城"，记述的都是春秋战国时期传车在楚、晋应用的情况，而春秋战国时期的各诸侯国的情况也大致如此。东周传车的形制，因缺乏实物和图像资料，在此也无法具体描述，但从当时交通工具流行的一般情况看，估计可能是四马独辀战车或一马双辕安车的借用。

 **东周的驴车、羊车和人力车**

（1）驴车。《楚辞·九怀》中有"骥垂两耳，中坂蹉跎；蹇驴服驾，用日无多"和"驾蹇驴而无策，又何路之能极"的诗句，可知东周诗人屈原显然见过蹇驴服驾行驶的状态，而且，这种驴车很可能在当时的楚国及其他诸侯国中都较为流行，是一种适用于民间的主要交通工具。驴车的形制特点因缺乏形象性资料证据，在此还无法作一具体描述，或许它与当时的双辕牛车形制相近。

（2）羊车。《考工记》"车人为车"节中有"羊车二柯有叁分柯之一，柏车二柯"的介绍，汉郑玄注释："羊，善也。善车若今定张车。"这是对羊车的一种说法。从后代有用羊牵引车子的实例推测，《考工记》的羊车可能是指用羊来曳拉的车子。拉车的羊当是山羊，山羊的饲养在东周时期是很常见的。羊车应是民间应用的一种简易交通工具，其具体形制结构亦因缺乏实物及形象性资料而无法作具体的描述。

（3）人力车。先秦时期的人力车，据目前考古发现的线索看，主要有輂和輦两类。輂即独轮手推车，如前述在商代便已发明利用；輦是双轮人力挽车，夏、商、西周时期均在应用。东周文化是承西周文化直接发展而来的，故源自夏、商时期的人力车輂和輦在东周时期当仍在沿袭利用，《周礼》有"六畜车輦"、"輦车组輓"，《吕氏春秋》有"出则以车，入则以輦"的记述，从文献学的角度证实了东周人力车的确存在并在民间应用。东周人力车輂、輦的形制，与夏、商、西周时期的情况相类似，但都因缺乏资料尚无法具体说明。

 东周的水上交通工具

东周时期不仅是陆路交通工具的发展时期，同时更是中国古代水路交通工具发展史上第一个勃兴发达期。当时，舟船的利用范围、形制种类、生产数量日益增多，凡有水路通船的地区，民间的生产和生活货运、客运都已广泛利用舟船。如遇战争爆发，舟船利用更是频繁。其中，战船的开发利用，水战的盛行，水军的形成和出现，成为东周时期一个重要的特点。《左传·僖公十二年》："秦于是乎输粟于晋，自雍及绛

相继，命之曰泛舟之役。"秦人运粮到晋国，从雍地到绛地的水路，当是从渭河东下入黄河折北入汾水，至少约有六七百里水路之遥，运粮的船只居然能前后相继，由此可见船队规模之大。春秋晚期，吴国与楚国、越国与吴国所爆发的战争，都是使用战船，集结水军部队进行水战的。吴国伐齐国时，吴国大夫徐承领王命亲率水军部队乘战船从海路进入齐国境内。越国伐吴时，越王命令范蠡率领水军部队乘战船沿海航行入淮河，以堵截吴国水军的退路。这些事例表明，春秋时期船只规模和驾船技术，至少已达到可以在近海附近航行的水平。《史记·张仪列传》在记述张仪游说楚王时说："秦西有巴蜀大船，积粟起于汶山，浮江以下，至楚三千余里。舫船载卒，一舫载五十人与三月之食。下水而浮，一日行三百余里，里数虽多，然而不费牛马之力，不至十日而距扞关。"由此可见，战国时期内河航船的运载能力和航行水平都已达到很高的水平，船只的利用也因此可知是十分盛行的。上述资料表明，东周时期水上交通工具的利用已进入一个发达繁荣的时期。

　　随着战船、水军、水战的频繁利用，整理、总结水战战略、战术运用的水战理论也在东周时期应运而生，如《墨子·备水篇》、《孙膑兵法·水阵》等，均从实战角度辩证地论述了水战的要旨和水战在战争中的重要作用。

　　在属东周时期的考古出土品和传世文物中，有一些有关这一时期舟船利用情况的形象记录。综合文献记载和考古资料分析,东周时期的舟船按大类划分主要有独木舟和木板船两类。除此之外,还有简易的木筏。另外,该时期的木板船也可能有些已经出现了风帆的装置。

(1)独木舟。独木舟从新石器时代发明使用开始,历经夏、商、西周时期,一直被濒水的居民利用,其间形制虽稍有变化,但独木制作的特点基本没变。考古资料和文献资料表明,这种传统的独木舟,在东周时期仍在流行沿用。四川涪陵、昭化、成都盆地和福建武夷山等地考古发现的战国时期船棺葬,其葬具船棺大多属生前使用过的独木舟。1958年江苏武进奄城出土了3只春秋时期的独木舟,其中最大的一只略呈梭形,长11米,腰上口宽0.9米,底宽0.56米、深0.42米,全船保存基本完整,可清楚地看出是用一根整木加工而成的。文献记载中谈到的小舟,也有相当部分是属于独木舟,如越人使用的"舲舟"、"舿艒"等。由此可见,独木舟在东周时期的一些地区仍有利用价值。但由于独木舟稳定性较差,运载能力有限,所以不可能成为当时水路交通工具的发展主流。这一时期真正值得大书特书的水上交通工具,当非木板船莫属。

(2)木板船。所谓木板船,是指用木板拼接而成的船。最早的木板船可能源于殷代,殷末周初,从周武王集结军队渡黄河攻陷殷都的事例看,当时已开始出现较大型的木板船。经西周时期的反复使用和发展,木板船的制作技术和运载利用已粗具水平。东周时期木板船的广泛使用，与西周时期打下的坚实基础是分不开的。东周时期的木板船，从用途上看，可分出货运（客运）和战船两大类：货运船（客运船）即民用船只，用于短途或远途的漕运，前述的秦人运粮至晋国，便是典型的货运实例；用于货运的船只，其形制结构可能与战船中载运兵员和粮草的大翼船相仿。当时最大的船只的容载能力，如吴国的"大翼"船可载乘战士和船工共91人，秦国的战船大的每艘可载50人以及50人所需的3个月粮食，足见当时最大的船只的货运和客运能力已相当可观。1978年，河北省平山县三汲乡中山国一号墓附近曾发掘出土一大型船葬坑，坑内发现战国时期的大木船3艘和小木船2艘及船桨若干。大船的船板用铁箍拼连而成，一些缝隙处采用铅皮充填，这是目前所知我国最早将金属用于造船的实物遗迹。平山出土的5艘木板船也是目前我国发现最早的木板船实物，它们反映了当时民用客运、货运船只形制的基本特点、一般类型和规模。至于战船，文献中有较多的叙述，考古发现中也有一些可资利用的图像资料，其种类大致有余皇、大翼、中翼、小翼、突冒、楼船、戈船、桥船等等。

余皇，亦写作"艅艎"，以船头装饰着"鹢首"为重要特征，通常是国君或军事首领的座船，故又称"王舟"。水战时，它是水军船队的中心旗舰，肩负着指挥的重任，相当于陆地车战中的旄车（指挥车）。《左传·昭公十七年》载："吴伐楚……战于长岸，子鱼先死，楚师继之，大败吴师，获其乘舟余皇。"这里记述了春秋时期吴国、楚国间一次水战,结果是楚国大胜,并缴获了吴国的水军指挥舰余皇。吴楚战争的水军舰队中出现了余皇,那么,在吴越、秦楚战争的水战场合中,同样也少不了余皇。故余皇船当是东周时期水军战舰编队中最为重要的、不可或缺的舰种之一。

大翼,即大型战舰,是东周战船中形体最大、容载能力最强的船种。前述的秦国可载50人和3个月粮食的舫船,以及河北平山县出土的大木船等均属此类。每当战争爆发时,大翼便成为运送兵员和粮食的主要交通工具;而在和平环境中,它又成为民间货运、客运的主要水路交通工具。据文献介绍,东周的大翼船最大者长十二丈、宽一丈六尺,战时运兵,至少可载乘91人或50人,加上50人所需的3个月粮食。大翼船可以说是东周时期的水上巨轮,相当于陆地战争中的重车或辎重车,其承载能力若用现代的概念计算,可达5吨左右。

中翼,船体略小于大翼,用途、形制与大翼船类同,船长九丈六尺、宽一丈三尺五寸,可承载人员86名,船的规模仅次于大翼船。

小翼,船体又小于中翼,用途、形制与中翼船仿近,船长九丈、宽一丈二尺,可承载人员80名,仅次于中翼船,相当于陆地车战中的轻车。大翼、中翼、小翼船通常又合称为"三翼"。

突冒,是一种船体较小、轻便快捷的小型战船,船头及船身大致装配有坚固锋利的机关装置,水战时是冲击敌船的开路先锋,故船名以"突冒"相称。突冒船约相当于陆地车战中的冲车。

楼船,即有上下两层船舱的战船,属大型的主力战船,是东周水战中最具战斗杀伤力的舰种。东周楼船的形制和承载能力,文献中语焉不详,但值得庆幸的是东周古物上留下了非常珍贵的图像资料,为我们探察东周楼船的形态特征和用途提供了重要的佐证。现在见到的东周楼船形象资料,是属于战国早期的,这是目前已知最早的楼船形象。这种楼船形象资料主要发现于1件铜鉴和2件铜壶上。铜鉴是1935年在河南汲县山彪镇一号墓出土的,其器腹周围饰有四组水陆攻战纹饰,故该鉴又被称为水陆攻战纹鉴。该鉴的总体花纹有3层,分别描绘了送别、击鼓和格斗场景,场景中包括旌、旗、鼓、镎、戈、戟、剑、盾、弓、箭、车豆、壶、舟、桨、鱼、鳖等物及人物292人。其中格斗场景栩栩如生,水战描绘尤为突出,它描绘了两艘战船在水中对开相遇,船上战士互相进行格斗的情形。图纹中的攻战双方战船,形制相同,都是船身修长,首尾高翘,分上下两层结构。船上没有风帆,完全靠人力划桨劈水作为动力,也没有尾舵。战士均立乘于船的上层,既有戈戟、弓箭手,也有击鼓手,双方的格斗均在上层进行;船下层是击櫂行船的桨手,他们身佩短剑,手持长桨,迈腿弯腰用双臂使劲地划桨,给人一种战船正在高速行驶的感觉。船上层的战士各司其职,戈戟手举起长戟,弓箭手全神贯注,箭在弦上,一触即发,击鼓手左右开弓,紧张地敲击着鼓和钲，描绘出战斗正酣的情景。1965年四川成都百花潭中学10号墓和北京故宫博物院馆藏的2件战国铜壶，也都见到了与水陆攻战纹鉴如出一辙的战船格斗场面。这三件战国铜器图像表现的双层战船，应当是《越绝书》中伍子胥向越王介绍的楼船。这种战国楼船结构，虽与后来汉代楼船有所区别，但其两层结构无疑是汉代楼船结构的先驱，或可认为这是我国现知最早的带有甲板的双层木船。据此可知，东周的楼船是当时水战中真正具有攻击力和杀伤力的战舰，其船体也十分庞大，运载能力、稳定性和速度都较好。它是东周水战中十分重要的舰种，或认为其相当于陆地车战中的行楼车。（见图7）

图7　东周"楼船"与水战

（东周铜器图纹）

戈船，因船上安装有戈、矛等武器而得名，其功能可能与突冒相似，当是一种用来冲击敌人船阵、破坏敌人船只的小型快捷战船。《越绝书》上记载越王勾践迁徙琅琊时曾出动"戈船三百艘"。

桥船，或称桥舡，是一种小型快捷的战船，可能主要用于偷袭敌方，相当于陆战中的轻骑兵。

（3）木筏。东周时期的水上交通工具，除独木舟和各种木板船外,据文献记载还有木筏。《诗·齐语》:"方舟设泭,乘桴济河。"这里泭、桴都是用木编成的筏子。木筏的使用,可能与经济能力有直接关系:富裕人家、显贵阶层因财力雄厚,通常使用大小船只;一般阶层则稍好者使用独木舟,较次者只能使用木筏。

(4)关于风帆的线索。我国木板船上的风帆装置始于什么时候,学术界存在多种说法,或认为在殷商时期,或认为在公元前后时期,或主张在东汉末年,也有学者认为始于战国时期。主张殷商说的主要是根据甲骨文已出现"凡"字,认为"凡"即是帆的象形,此说似乎缺乏确凿证据。据前述东周时期的木板船已发生在近海地带行驶记录的事实,结合湖南出土战国时期越族錞于顶盘上船纹图案中所见的扇状帆或旅旄状物分析,笔者赞同该时期已在一些木板船安装简单风帆的观点,后代的航船风帆当是在东周时期的简易风帆基础上逐渐发展成熟的。

 **东周的骑乘**

东周时期不仅是马车、车战、舟船和水战的大发展、大变革时期,而且就陆路交通而言,也是利用家畜代步,骑乘习俗开始诞生并获得迅速发展的时期。传统的观点一般认为,中国古代骑马之俗的出现,当始于战国时期赵武灵王倡导的"胡服骑射"时期。但细考先秦典籍,不难发现,这种传统观点只是说明了穿着胡人的服装(当时北方少数民族骑马参战的装束)

骑马射击的习俗在中原地区的推广当始于赵武灵王时，如司马迁的《史记·赵世家》、《史记·六国年表》均只说"始出胡服令"、"初胡服"，而不说"始骑射"，说明"胡服"与"骑射"在中国古代并非同源。就目前的研究而知，中国古代的骑马之术至迟在春秋时期便已出现。除此之外，在骑马之风迅速发展的影响下，骑用骆驼、驴、駃騠的习俗也开始出现。

（1）骑马。春秋战国时期，陆路交通工具取得重大突破的重要标志除了马车、车战外，还有骑乘马匹或骑兵的出现。骑乘马匹俗称单骑的习俗，至迟在春秋时期便已出现和风行。当时的驿传，除了使用马车（传车）外，亦利用骑马，日常生活中也开始利用马匹骑乘，但当时骑乘马匹的最广泛用途莫过于骑兵（骑马作战）。《左传·昭公二十五年》有"左师展将以公乘马而归"，《正义》引刘炫的解释是"欲共（与）公单骑而归"，这是在一般场合下骑马代步的应用。《韩非子》载"秦穆公送重耳，畴骑二千"，这里的"畴骑二千"，是指用作骑乘作战的马匹，它说明骑兵在此时已经出现。到了战国中叶以后，中原各国的单骑（骑马作战）风气蔚然成风，如在苏秦游说六国强调各国强大兵力时，便重点谈到当时的赵国和楚国各有战骑一万匹，燕国和魏国各有战骑六千匹。此外，当时的秦国也拥有战骑一万匹。战骑的进一步完善和发展，则应归功于后来赵武灵王的"移风易俗"，在"胡服骑射"的成功应用和推广普及下，战国晚期的骑乘尤其是骑射之风越创越盛，在一定场合下有取代战车的趋势。东周时期骑马作战之风的迅速升温，被认为与当时的民族对峙有一定关系，即从春秋时期以来，各诸侯国或分或合，除相互间的军事对峙外，还时时受到当时周边少数民族如戎、狄等的威胁，不少国家也经常与戎、狄等发生战争。由于戎、狄等族大多寄居于山谷地带，特殊的地理环境使他们最早掌握骑术，他们日常生活和征战时主要的交通工具便是骑马。每当中原诸国与戎、狄等族发生摩擦时，戎、狄以骑兵和各国的车兵对峙，在平原作战的战场中，车兵占有优势，但骑兵在劣势的情况下仍不失其灵活性，尤其是戎、狄战败遁逃，其奔跑速度令马战车亦奈何不了。为了消灭隐患，各国时常主动出兵征剿戎、狄，但当深入到戎、狄居住的山间谷地时，马车的笨重缺陷便暴露出来，而骑兵在这种场合中却显示了优势。故在这种以战车为主的特殊环境中征战，通常是铩羽而归，以失败告终，使各国奈何戎、狄不得。他山之石，可以攻玉。为了能迅速改变这种被动局面，引进、驯养良马，学习和掌握骑射之术便成为当务之急，骑马之术和骑射之风也因此在中原诸国盛行起来。从这一角度而言，东周时期骑马风气的盛行，在很大程度上还应归功于当时戎、狄等少数民族的刺激和影响。

有关东周的骑马利用情况，考古材料亦提供了一些重要的证据。如长沙楚墓漆器纹饰中发现的骑马出行图，表现了战国时期日常生活中骑马出行的情况；内蒙古狼山岩画以及其他地方出土的青铜器上所见的骑马狩猎图像,则表明骑马狩猎习俗在战国时期亦已开始流行;河南洛阳金村出土的战国错金银铜镜的骑士斗虎图案,刻画生动细腻,亦表现了当时武装骑兵的威武仪容。(见图8)

图8　东周骑兵像

(河南洛阳金村错金银铜镜图纹)

(2)骑用骆驼。骆驼,古称橐驼、橐它、馲驼。骆驼原是战国时代北方匈奴等族人豢养的家畜,匈奴人当时已骑乘或用骆驼作运货载物的交通工具,故《史记·匈奴列传》指出匈奴"其奇畜则橐驼"。当时的燕国与匈奴族发生的关系最多,故是最早引进骆驼和利用骆驼作交通工具的侯国。《史记·苏秦列传》在记述苏秦游说楚王的时候便提到"燕、代橐驼良马必实外厩",这表明战国晚期骆驼的利用在今北京、河北一带的燕、代地区已很普遍。典籍虽未明言骆驼在东周的燕国一带是否用作交通工具,但从骆驼性情温和、擅长于在干旱风沙地区出入和并非为人类提供肉食的家畜特性看,豢养骆驼的目的,除了作交通工具外,别无选择。《渊鉴类函·兽部》引《楚辞》诗说"腰褒奔亡,胜驾骆驼",据此句意揣度,则东周时期亦可能已出现骆驼驾车利用的举动。

(3)驴、驶骡的利用。驴是草食动物,体较马小,性温驯,富忍耐力,如前已述,驴在东周时期可能已被用于驾车,但从东周时期连性情刚烈的马都能驯服骑乘的情况看,此时期出现骑驴利用应是顺理成章的。东周时期应是骑驴和用驴驮物的发生时期,这种交通习俗的兴起和流行,大致仅限于中下层民众。正是因为这种原因,有关驴的交通利用情况很难在正式的史书中出现。

驶骡是公马和母驴所生,亦称"驴骡",外貌似驴,耐粗饲,适应性和抗病能力强,挽力较大和持久。从《史记·李斯列传》中的"骏良驶骡,不实外厩"的记述看,东周晚期可能已开始繁育驶骡,并仿照驴、马的利用而将驴利用到交通活动中,即可能亦被用于驾车或者骑乘。

 **东周的舆轿**

《史记》在叙述大禹治洪水的故事中提到"山行乘樏"或"山行即桥"。樏与桥即舆轿的前身,夏、商、西周时期大约已经应用。最早的舆轿实物见于春秋战国时期,1978年,河南固始侯古堆一座春秋战国墓陪葬坑中,出土三乘木质舆轿,其中一件可复原。它由

底座、边框、立柱、栏杆、顶盖、轿杆和抬杆等部分组成,底座呈长方形,顶盖仿四面坡的房顶形,轿身施围帷幔,前开小门,轿杆捆在底座边框上,与后代形制稍异。这种舆轿当是后来舆轿或肩舆的起源。(见图9)

图9　东周舆轿复原图

(河北固始出土)

四　秦汉时期交通工具漫话

战国七雄，中原逐鹿，车战船斗，兵戎相见，各自为政。秦国凭借着强大的政治、经济和军事力量，运用有效的政治谋略和军事策略，频频向其他六国发动政治与军事攻势，终于在公元前221年（秦始皇二十六年）由嬴政始皇灭了六国，结束了"战国何纷纷，兵戈乱浮云"的天下混乱局面，建立起中国历史上第一个天下大一统的封建帝国——秦帝国。公元前207年，汉将项羽大败秦国，汉高祖刘邦率军入武关，秦相赵高弑秦二世立子婴，秦王朝至此宣告灭亡。取而代之的是由汉高祖刘邦开创的前汉王朝，从公元前206年始至公元24年新莽朝止，王朝因定都长安而史称西汉，自公元25年刘秀光复汉室定都洛阳始至公元219年（汉献帝二十四年）刘备称汉中王时止，是为后汉王朝，史称东汉。

秦始皇统一中国建立秦王朝后，为了巩固秦帝国的政权，迅速推出一系列"车同轨"、"一法度衡石丈尺"、"及书同文字"等与疆土统一相应的措施。这些措施对当时中国社会的文化、经济和政治具有非常重要的意义，对后代的社会发展也有深远的影响。汉承秦制，汉代的社会发展，事实上是在秦代基础上的完善、扩展与创新。

与集权政治大统一的局面相适应，秦汉时期的交通工具经过秦时的"车同轨"，已进入一个具有全国性的全局大发展时期。综合秦汉时期的交通工具发展概况，此时期交通工具按大类划分，仍然是陆路交通的车子、骑乘和水路交通的舟船。此时期交通工具发展最突出的成就归纳为如下一些方面：第一，发明了指南车；第二，双辕马车迅速普及应用，出现诸多用途不一的种类，成了为日常生活服务的交通工具；第三，独辀战车在秦王朝仍在沿用，但到了汉代已正式被双辕车淘汰，其孑遗形式仅留在百戏杂技表演活动中；第四，西汉的骑乘获得了充分的发展，骑兵已成为战场上的主力部队，战车的利用逐渐衰落；第五，舟船制作出现的品种类型多、规模宏大，以及行船动力和系泊设施的基本完备，使秦汉时期成为中国造船史上第一个辉煌时期。

 **1　秦汉牛车**

从总体形制特点看，秦汉时期的牛车，都是沿袭东周时期双辕大型车形的车子。秦因统治时间很短，故文献记载和考古资料涉及牛车的情况十分罕见，但秦朝紧接战国时期而来，且战国早期发现的牛车规模也是出自秦地，故秦王朝时期的牛车形制和应用情况当与东周时期基本相类似，推测其形制属双辕双轮大车。但东周时期的实心板轮在此时可能已演变成有辐

轮，且主要用于货物运输。

　　从夏、商以来，牛车一直用作经商活动的主要交通工具。西周至秦代，这种用途始终没变，到了汉代，由于国家车舆制度中有"贾人不得乘马车"（《续汉书·舆服志》）的规定，故牛车就成为商人们必不可少的贩货载人的交通工具。在交通工具的等级上，牛车历来低于马车，这是由古代重农轻商的国策，以及牛、马在奔跑能力上的差距造成的。《汉书·食货志》曾谈到汉代初期"将相或乘牛车"的情况，主要是因为汉初战火刚熄，战争使马匹大量减少，社会经济还未完全恢复，国家尚处于经济困难而出现的暂时现象。这一举动意味着在汉代的某一特定时期，坐乘牛车作为交通工具的人员等级，至少曾达将相等显贵达官阶层。但真正广泛利用牛车的人，还主要是做买卖的生意人以及中下层平民。据文献记载，汉代有不少富商大贾常拥有成百上千辆的牛车，并从事贩运活动。汉代的牛车形制结构，可据考古资料提供的迹象来辨明。考古发掘尚未见到牛车的实物遗迹，但牛车模型却屡有出土。依据牛车模型，我们可对汉代的牛车形态有一个基本的了解。以甘肃武威雷台汉墓出土的铜牛车模型为例，汉代牛车形制均为双辕，双辕前端缚一半环状楅（即牛轭），楅中套驾一牛，车轮较小，有辐条10根，车厢为长方形，前空无栏，左右有带横撑的边栏，后为栏板略高于边栏，车上有驾车奴执棒御车。武威磨咀子汉墓出土的木制牛车模型与雷台铜牛车模型形制基本一样，仅是车厢前面增设有栏板。汉代的这种牛车,由于采用直辕形式,所以一般支点较低,在平地大道上行驶时显然要比曲辕马车安全平稳得多,加上辕直,制作时可选用较粗大的木材直接加工,这样便加强了车辕的坚固性,从而增大载重的能力。牛车因其体大于马车故又称为"大车"(见图10)。此外,据文献所载,汉代还流行有一种名叫"辎軿"的双辕车子。"辎"是辎重的意思,"軿"或写作"骈",是车上帷幕的意思。"辎軿"指有车盖帷帘,既可载物又可乘人的坐卧之车,《说文解字》:"辎軿,衣车也。軿,车前衣也,车后为辎。"这些解释基本上概括了辎軿车的用途与特点。辎軿车一般用马来牵引,有时也用牛拉,用牛拉时即为牛车。《续汉书·舆服志》说"太皇太后,皇太后……非法驾则乘紫罽軿车",由此可知,汉代的辎軿车制作是相当华丽和舒适的,故乘坐者除达官贵人外,更多的是贵妇人。

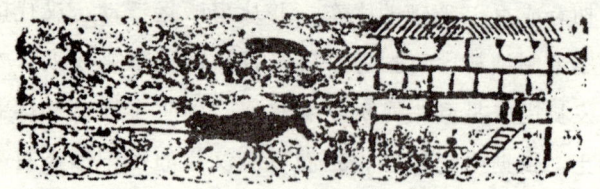

图10 汉代牛车

(四川东汉画像砖图像)

 **秦汉马车**

秦汉时期的马车有两种类型:一是传统的独辀马

车；二是双辕马车。独辀马车主要流行于秦代，汉代仅存孑遗；双辕马车在秦代已开始流行，至汉代则成为主要的车子形式。

（1）秦朝的马车。秦朝马车有双辕和独辀两大类：双辕车多用于生活或生产；独辀车多用于军事场合，但开始出现向生活化渗透或融合的趋势。秦代的双辕车已出现不同的种类，据文献记载主要是辒辌车。独辀车主要是战车和秦始皇陵发现的"安车"。

辒辌车，《汉书·霍光传》载："载光尸柩以辒辌车。"颜师古注说："辒辌，本安车也，可以卧息，后因载丧，饰以柳翣，故遂为丧车耳。"孟康注说：辒辌车"如衣车，有窗牖，闭之则温，开之则凉，故名之辒辌车也"。从以上解释可知，辒辌即温凉的意思。辒辌车原本是一种日常生活用车，后因丧事中经常使用该车运载尸体，故便被看成是发丧用的车。秦代的辒辌车估计存在两种不同的形制，一种是由一马牵引的双辕有车盖并有厢壁和帷布的车子，其使用对象是中下层官吏及民众，用途主要是日常生活中的行近致远，以及进行商业运输。但受秦始皇尸体被载于辒辌车中的影响，在一些丧事活动中也可能用作发丧载尸之车。另一种是独辀辒辌车，它由四马牵引，属皇室贵族专用车，其形制即为秦始皇陵发现的独辀"安车"。

独辀马车分战车和生活用车两类。秦代的战车遗迹，在秦始皇陵兵马俑坑的发掘中可寻觅到。兵马俑坑中发现有大量的战车兵，车兵俑和陶马均完整无缺，但木车部分已经腐朽。据出土遗迹分析，这些战车是独辀两轮方形或长方形舆厢的形制，车子由四匹马牵引，车上无伞盖（顶篷）或有很高的圆伞盖，这是一种从东周时期沿袭下来的战车形式，是当时战争中依然具有重要意义的战斗武器和交通工具。秦代的生活用车，在民间使用的主要是双辕车，但在皇帝或贵族阶层，当使用一种动力部分为战车形态、乘人部分为"安车"形态的独辀高级"安车"。这种"安车"的形制全貌，我们可从秦始皇陵出土的铜车马资料中获知。1980年，考古工作者在秦始皇陵封土的西侧发掘出土了两轫大型彩绘铜车马模型，这是我国秦汉代考古的重大收获，其中一件称为二号铜车马的模型已完全修复复原。其车马形制结构完整无缺，系驾零配件和饰物齐全，御官佩剑执辔，栩栩如生。二号铜车马虽是明器，但却是按真车马的二分之一比例缩小制作的。它制作精细，车子形制结构和系驾方式方法均是真车马的形象再现。二号铜车马模型的实测尺寸是：辀长2.46米；衡长0.79米；舆厢呈"凸"字形，分前室、后室，前室近方形，宽0.362米、进深0.35米，后室与前室间距1.5厘米，宽0.78米、进深0.88米，开一后门，前后室有车轖相隔，不能相通；轨距0.998米，轮径0.59米，每轮30根辐条，轴长1.43米。若将此尺寸复原为原大，则辀长4.92米，衡长1.58米，车舆最宽1.56米、总进深2.49米，轨距1.996米，轮径1.18米，轴长2.86米。将此实际尺寸按27.65厘米为一秦尺换算，则辀长一丈八尺，衡长和舆宽（广）均近六尺、进深约九尺，轨距接近十尺三寸，轮径将近四尺三寸,轴长一丈三寸左右。二号铜车马表现出的马车总体特点是独辀有辐双轮,"凸"字形舆厢,有椭圆形车舆盖,由四匹马牵引。其中独辀有辐双轮和四马牵引的特点与先秦时期马车雷同,而"凸"字形车舆和椭圆形车盖,则为秦代马车所始见。另外,由于该车车舆独特的前后室结构及舆的进深长达2.49米,故其辀长也因此长达4.92米。该车的辀长和舆进深等尺寸,均远远超出先秦时期马车的尺度;其他部位尺寸则与先秦马车大同小异。二号车的一条辔绳末端刻有"安车第一"的铭文,据此而知,该车当是"安车"无疑。这种独辀安车,据现知材料看是秦代的特产,可谓前无古人,后无来者。而其辀长和舆深之大,更是古车中罕见的(见图11)。安车出土于秦始皇陵,显然与秦始皇及皇族生前乘用这种安车有关。偌大的驷制安车,推测在秦朝应是皇帝、皇族、将相阶层人士才有资格乘坐的,而一般民间通行的则是一马曳拉的双辕"安车"。秦始皇一统天下后,曾多次"亲巡天下,周览远方"(《史记·秦始皇本纪》),其所乘用的马车,史书载是辒辌车。辒辌车如前所述是马拉的

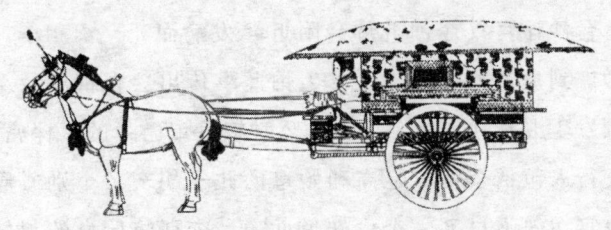

图11 秦代独辀驷马"安车"图

(秦始皇陵二号铜车马模型)

"安车",秦始皇乘用的辒辌车显然是二号铜车马模型那样的大型独辀安车。这种安车,由于是用四匹马牵引,所以速度很快;又因为其车舆宽大和很长,故行驶时稳定性较好,使人能较舒适地坐或卧于车中。综合二号车的形制特点以及辔绳上"安车第一"的铭文,或可进一步认为二号车就是秦始皇乘坐的辒辌"座车"的直接复制品,也只有秦始皇的"座车"在当时才能够得到"安车第一"的名称。秦始皇的余生在很大程度上是在巡游活动中度过的,由于这种巡游活动又是借助乘坐"辒辌"来完成的,故秦始皇的余生亦可以说基本上是在"辒辌"上度过的。辒辌给秦始皇带来了巡游时的欢愉和惬意,最后又使秦始皇安息在其怀抱中。《史记·秦始皇本纪》说:"始皇崩于沙丘平台,丞相斯为上崩在外,恐诸公子及天下有变,乃秘之,不发丧。棺载辒凉车中,故幸宦者参乘,所至上食。百官奏事如故,宦者辄从辒凉车中可其奏事。独子胡亥、赵高及所幸宦者五六人知上死……会暑,上辒车臭,乃诏从官令车载一石鲍鱼,以乱其臭。行从直道至咸阳,发丧。"这段话的大意是说秦始皇外出巡游到平台沙丘宫(今河北邢台附近)发病而死,丞相李斯考虑到皇帝死在路途上,生怕此事传出会在都城及全国发生混乱,为稳定局势,暂时将皇帝已死的事保密,随行人包括李斯、赵高和始皇的儿子胡亥及个别心腹宦官在内不过五六个人知道此事,李斯将始皇的尸体仍然置放在始皇原来乘坐的辒凉(辌)座车中,对外一切如常,因时值酷暑,半路上尸体发臭,便想法在车上添载一石鲍鱼，以掩饰尸体之臭，直到将尸体运到咸阳，才正式发丧。秦始皇死于辒辌车中，丞相李斯等出于某种政治目的而隐瞒始皇已死，并将尸体藏于车中，一路奔波，长途跋涉，最后将尸体运回京都咸阳。这种有意无意地载尸行为，使辒辌车充当了事实上的灵柩之车（丧车）。此事传出，上行下效，用辒辌车发丧便逐渐在民间效仿开来，后代人也因此或沿袭此种习俗，并使辒辌车成为丧车的代名词。

（2）汉代的马车。汉代的马车发展至少经历了三个时期：一是西汉初期的发展准备期，二是西汉中晚期的发展初兴期，三是东汉时期的发达繁荣期。西汉武帝以前是马车发展准备期，汉景帝中元六年（公元前144年）建立了汉代最早的车舆制度，为后来车舆制度的完善和马车的发展奠定了基础；但自汉高祖灭秦建立西汉王朝以来，因战后疮痍满目、"民无盖臧（积蓄）"，社会经济发展正处在恢复振兴阶段，统治者不得已"躬修俭节，思安百姓"（《汉书·食货志》），推出一系列轻租减赋的抚民政策，马车的发展也因此受到很大的限制。当时因战争仍不时持续，马匹被大量地使用于战争，为了保证战争用马，在日常生活中"自天子不能具醇驷，而将相或乘牛车"（《汉书·食货志》）。这里的"醇驷"是指用四匹纯种公马曳拉的马车，其形制可能即是秦始皇陵所见的那种大型的豪华的四马独辀安车。汉初诸王不乘坐这种马车，是为了表示节俭之心；但他们不乘坐"醇驷"不等于不乘坐马车。据汉代有关文献记载，当时诸王和将相等达官，是乘坐一马牵引的双辕安车出行的，如《史记》和《汉书》记载汉高祖在楚汉战争中便是乘坐"黄屋车"出入，黄屋车是指由一马牵引的双辕安车。将相达官们除了"或乘牛车"外，主要还是乘用一马双辕安车。西汉中晚期及东汉时期双辕安车的迅速发展，是建立在汉初的经济发展基础之上的。从车子形制发展的角度看，西汉前期是属于独辀驷制马车逐渐消失，双辕一马马车逐渐盛行的时期，汉武帝而后至东汉晚期则是双辕一马和驷马安车兴盛的大发展时期。

据文献所载和考古学资料显示，汉代的马车除独辀车外，双辕安车的种类复杂，名目繁多，总括起来大概有黄屋车、金根车、骆车、青盖车、耕车、轩车、轺车、辎軿车、斧车、施幡车、鼓车、金钲车、戏车、猎车、輂车、栈车、辒辌车、槛车、载甕车、黑盖车、单耳车、战车、指南车、计里鼓车等等。

独辀车，西汉武帝以前，沿袭秦代的传统，四马牵引的独辀双轮战车还应用到战场上，但由于骑兵的大量出现，其作用已经削弱。四马独辀安车沿用了秦代的形制，但由于社会原因其应用机会极少并逐渐被双辕安车所取代。东汉时期，或见存这种四马独辀安车的孑遗，山东沂南画像石发现的百戏舞乐图案中，见一用作杂技戏耍表演的四马独辀双轮车，其车舆为很大的长方厢形，内可乘坐多人，车中立一高杆，杆顶立一鹮鸟，下有铃、旒、鼓等物。此外，在河南南阳汉画像石中，还见有独辀双轮由两马牵引的小型"轺车"。

黄屋车，是双辕安车之一种，可能用一马牵引，

《史记·项羽本纪》载:"纪信乘黄屋车。"纪信是汉高祖时一位将军,当楚霸王围荥阳城欲追杀高祖时,纪信挺身而出,借乘原高祖乘坐的黄屋车迷惑项羽,致使高祖脱险,但纪信却因此而被项羽所杀。纪信借乘的黄屋车,是因为舆厢和篷顶均施用黄色的缯帛包裹而得名,汉高祖刘邦一直乘着此类车随军征战,故其又被认为是汉代皇帝所乘马车的专名。黄屋车亦称为金根车,《宋书》说:"汉制乘舆金根车,轮皆朱斑重毂两辖飞軨,以金薄缪龙为舆倚,较虡文画,輴文虎,伏轼龙首,衔轭鸾雀立,衡虡文画,辕翠羽盖黄里,所谓黄屋也。"据此介绍可知,黄屋车亦即金根车。金根车的叫法有可能是汉武帝以后才出现的,是一种制作讲究、外表华丽、并可能是使用四匹马牵引的高级双辕安车,一般仅限于皇帝乘坐。西汉错银铜漏壶和汉铜镜上所见的四马或五马牵引的屋形舆厢的马车,估计即是汉初流行的"黄屋车";而山东嘉祥武梁祠东汉画像石上所见的双辕一马牵引的"屋形"车,即是所谓的"金根车"。

辂车,《释名》说:"天子所乘曰辂,辂,车也。谓之辂,言行路也,金辂、玉辂以金玉饰车也,象辂、革辂、木辂各随其名。"辂车或又称路车,是汉人对高档马车的一种特殊称呼。凡用金箔装饰的车称为金辂,用玉装饰的车称为玉辂,而用象牙、皮革或木雕装饰的车则分别称为象辂、革辂、木辂。汉代的辂车,既然属皇帝乘车,实际上又是上述的黄屋车和金根车,至少从汉武帝时期始,汉代这种辂车当是由四马牵引的双辕驷制安车,也可能包含有供皇帝巡游时双辕高盖可立乘的驷制高车在内。

青盖车,是一种双辕安车,以车伞盖常施饰青色而得名,其形制和装饰可能稍次于金根车或辂车,被认为是供皇太子与诸侯王乘坐的高级安车。

耕车,是皇帝为表达与民同甘苦,关心百姓生活之意,亲自参加农事活动时所乘的马车。耕车实际上是皇帝平时乘用的双辕安车,形制结构应与上述皇帝乘车相同,不过因为车子要驶入乡间农田,故其外表装饰可能简单一些。

轩车,一马驾的双辕安车,车舆前顶较高,两侧用漆饰或加皮饰的席布作障蔽。据山东沂南出土画像之中所见的轩车图像可知,轩车的形制基本与双辕轺车相类似,只是舆两侧的障蔽高大,人坐在车中,只能看见前后的景物,两旁因障蔽遮挡无法窥看外景。用皮饰障舆的轩车或称皮轩,仅见漆画花纹的则称为文轩。轩车在汉代是供丞相、太尉、御史大夫或司徒、司空等高级官吏以及列侯乘坐的轻便马车。山东嘉祥武梁祠、济宁两城山、沂南等处出土的东汉画像石上所见的轩车,均是双辕、舆左右两壁为板状结构,板高高于人的坐高的形制,大多用一马牵引,但也有用三马牵引的(如武梁祠)。

轺车,是由一马牵引的双辕双轮、舆四面空敞,有独杆舆伞盖或四维舆伞盖的轻便马车。《释名·释车》说:"轺,遥也,遥远也,四向远望之车。"《说文解字》说:"轺车,小车也。"据此可知,轺车即遥望便利的小车之意。或认为辎车是古代战将立乘的车子，最初属于战车，后演变为坐乘安车。如前已述，至少在战国时期，双辕一马拉的坐乘轺车便已开始出现，汉代的轺车利用已十分广泛。轺车一般可坐乘2人，御者居右，官吏坐乘者居左，坐车时可以随心所欲极目远眺或环视。一般系驾一马，但也有系驾两马或三马的，驾两马的叫做"轺传"，驾三马的称作"轺车骖驾"。轺车结构简单，车轻速度快，上下方便，故是汉代一般官吏以及家庭习惯乘用的马车，更是一般小吏办理公事或邮驿传递公文时惯常使用的马车（见图12）。或认为汉代注重辎辁车而贱轺车，从汉代画像石或画像砖出现很多轺车形象的现象看，轺车在汉代的利用频率是最高的，也是最具大众性的车种。由于大多数人都在使用轺车，且用车者地位身份大多较低，故轺车便被认为是有欠贵重、流于一般的低贱车种。其"贱"主要贱在常见和普遍上。

  辎辁车，在前面"秦汉牛车"一节已述。辎辁车是一种既用马拉又用牛拉，既可载物又可载人坐乘的双辕安车，汉代的贵妇人出入多乘辎辁车。辎辁车又分辁车和辎车两种，两种车的形制结构特点基本是一致的，所区别的是辁车车门设在前面，舆内仅容一人，御者坐在车舆前轼板上驾车，辎车车门设在车舆后面，车辕较长，直伸到车舆后边，以供乘者上下时脚踏所用。文献中尚有一类称为"容车"或"帷车"的马车，据对其描述的形制特点看，它们亦可归入辎辁车之列。山东沂南东汉画像石上所见的有帷盖的一马双

图 12　汉代骑马与辎车

（山东肥城东汉画像石图像）

辕辎车形象，为我们准确了解辎軿车的形制特点提供了直接的可靠的证据。辎軿车在汉代是太皇太后、王太后、公主、大贵人、贵人、王妃、封君、公、列侯、中二千石、二千石等高官夫人乘坐的安车，故其属一种较高档的安车，由于乘坐该车的妇女地位身份都较显赫，所以晋朝人据此认为汉朝人注重辎軿车而贱视辎车。汉代的辎軿车当是一种制作精细、装饰华丽、坐卧舒适的高级交通工具，故其特别受到汉朝贵妇人的青睐。

斧车，是由一马曳拉的双辕小型车，因车舆中央竖立起一柄大型斧钺而得名。又因自重较轻，亦称轻车。汉代的斧车，属于仪仗车，据《续汉书·舆服志》介绍，当时县令以上的官吏，在乘车马出行时都使用斧车作为先导车，以达到壮威仪、表身份的效果。甘肃武威雷台汉墓曾出土过一件铜斧车模型，车舆当中插立着一柄铜钺形斧；四川、山东沂南等地出土的汉画像砖上所见的斧车形制是一马牵引双辕舆厢无帷布无顶盖（不巾不盖）的车子，车舆中至多可乘坐2人，斧立车舆中心，斧刃向前，并有二柄棨戟斜出车厢之后。斧车在行驶时，车两侧或有两个扛着大旗的导从徒步追随着车子。据此观察，汉代的斧车当具有特殊的开路或导行的礼仪意义，可能与当时的导骑相仿，但比导骑更庄重更气派。

施辅车，是从轺车基础上直接演变而来的双辕马车。所谓"施辅"，即在车舆两边栏上加置长条形板状物，"板"的上沿向外翻折，板辅一般用竹席或皮革制成，附加在舆两侧栏以遮挡由车轮行驶时卷起的尘泥，故"辅"又有"屏泥"、"车耳"之称。施辅车是汉代中高级官吏出行时坐乘的轻快主车。在使用过程中一般以涂红漆的不同程度来区别地位等级，如："朱左辅"（即将左边的车辅髹上红色）的车子，是俸禄六百石至一千石的官吏乘用的；"朱其双辅"（即左右车辅均髹红）的车子，则是俸禄在二千石以上的高官乘坐的。施辅车有用一马驾驭的，也有用双马牵引的，山东嘉祥武梁祠出土的东汉画像石、辽阳三道壕出土的

四　秦汉时期交通工具漫话

壁画等均见有施辔车的形象，车上可容载两人。

鼓车，是双辕一马牵引的小车。车舆略呈斗厢状，前沿斜收，板状舆壁，无帷幕和车盖，车舆中心立柱杆，上挂鼓、磬，鼓、磬上有飞幡，车舆后斜伸出二柄槳戟，舆中可载两人。辽阳棒台子屯出土的壁画上见有鼓车的形象。从车上架鼓、磬等器物看，鼓车应属于汉代仪仗车，或应用于红、白喜事之中。

金钲车，形制特点和系驾与鼓车基本一样，不同的是车舆上竖立两杆与一横杆垂直构成一高架，架上悬一金钲，车后同样伸出两柄槳戟。辽阳棒台子屯壁画见有该车形象。该车亦属仪仗用车。

戏车，形制与小型轺车基本相同，但无车盖，通常由两车同时行驶，车上立有高杆，两车前后据长杆或绳子相连，数人在杆上或两车连接绳上表演杂技，故该车又可称为杂技表演车。将杂技移到马车上进行表演，是汉人在演艺形式上的一个重要创新。正常情况下，车舆内仅能坐乘两人。河南新野县出土的汉代"杂技戏车"画像砖，生动地描绘了汉代非凡的杂技表演：画面右下边是一骑马人肩扛旗策马向前走，其上是一骑者跑马回首弯弓射箭；中、左部分为二辆马拉戏车和杂技表演场面，前面的戏车上立一长杆，杆顶上一人倒悬空中，两臂左右伸直，手掌心向上各置一球，左掌球上承一下蹲状态的人，右掌球上一人金鸡独立，车中一人向后斜伸臂手握一绳，绳向上斜延，至高处由后车立杆顶上的蹲状人持绳的另一端，斜绳上由下而上，一人在表演走绳技巧，这种惊人的飞车联绳杂技表演，为汉代画像砖上所仅见。

猎车，是一种双辕矮舆无车盖形制的轻车，车上乘驭手一名和猎手一名。汉代铜镜纹饰见有这种"猎车"图纹，牵引该车的是两匹马，属骈制马车。

輂车，其形制与驾牛的大车相仿，是普通的载重和乘人马车，又称大车。其形体稍大于一般的安车，车子结构为双辕，舆身较长，舆两边壁向上收成弧顶篷状。汉代的官吏乘车马出行时，一般将輂车殿后作为行李辎重车，地主或商人则利用輂车运货运粮。在考古资料中不乏輂车的记录，1975年贵州兴义汉墓中出土了一辆铜輂车模型，山东沂南等出土的东汉画像石上亦见有輂车的图像，这些资料对复原汉代輂车均具有重要的参考意义。据画像石资料看，汉代輂车在车身装饰和驾马装饰上还是比较讲究的，如山东沂南画像石的輂车，驾马头部飞扬双缨，身佩辔饰并下垂双缨，车舆篷盖下缘亦有带球状物的垂网，舆前部伸出桨戟两柄。（见图13）

栈车，双直辕，驾一马，车舆较长，前后无挡板，舆两壁向上圆卷成篷，舆身均用竹木条编制而成。栈，又写作轏，是竹木棚的意思，《说文解字》对其有较清楚的解释："栈，棚也，竹木之车曰栈。"栈车形制简单，车子较小，制作材料较粗劣，是一种汉代民间百姓使用最多的车子，相当于现代北方乡村中使用的骡马车。栈车主要用于载物运货，但也用于乘人，乘人时称栈车，载货时或又称役车。四川汉画像砖、山东沂南和福山画像石上，均见有栈车应用时的图像。从

图 13 汉代辇车

(山东沂南东汉画像石图像)

总体结构和用途特点看,栈车与辇车相似,但栈车形体较小,系驾的马匹和车舆上一般无任何装饰物。

辒辌车,汉代的辒辌车,大约是就使用时而言的,形制结构与各种乘人的安车一样,即不同阶层的人在日常生活中所乘用的,与其地位身份相应的"安车",在乘车人死亡后,也可能成为用来载运其尸体,用于发丧活动的辒辌车。如黄屋车、金根车、青盖车、轩车、轺车等,在皇帝、皇族、高官、中下层人士的丧葬活动中,均可能会分别成为暂时的辒辌丧车。吊唁活动结束后,这些车子又还原其本来面目。

槛车,据《释名》解释是"上施栏槛以格猛兽之车也",即舆身用木条钉成方笼式的车子。车为双直辕,驾一马,无棚盖。既用于装运狩猎所得的活"猛兽",又用于押运有罪犯人,从这个意义上说,槛车亦即囚车。

载瓮车,驾一马,双直辕,舆壁低矮,无顶盖,是汉代运货小车之一种。车上可载驭手一名，因车舆后载有两个大陶瓮而得名。从辽阳三道壕汉代壁画所见的载瓮车图像看，载瓮车的主要用途估计是运送酒水。

黑盖车，据辽阳棒台子屯汉代壁画看，是驾一马、双辕的小型车子，舆身下部与鼓车、金钲车相类呈斜前沿的斗厢状，中部为轮栏结构，上部为菌状顶盖，因顶盖通常髹以黑漆，故称黑盖车。从车子形制和顶盖髹黑的情况看，估计该车是一种与丧葬活动直接有关的仪仗用车。车内可容载2～3人。

单耳车，是一种特别的骖乘车子，车驾三马，双辕，舆厢下部呈斜前沿斗厢状，中部为木架支撑，顶为方形弧顶，车舆左壁上部向外平折出一台面，形成舆厢"单耳"之状，故名单耳车。单耳车在舆耳的设置上与施轓车有相近之处，但施轓车是"双耳"。单耳车内可容载2～3人，从驾三马的规格看，可能与施轓车的等级差别有联系，也可能与邮驿速递功能有关。

战车，汉代尤其是在西汉中期以后的所谓战车，均是驾一马双曲辕轺车的借用，因用于战斗中，故平时乘用的轺车便成为作战用车。山东沂南汉画像石上见有这种"战车"应用之例。

指南车，传说是黄帝或西周时周公所始创。汉代之前，其制作和使用失传，至汉代张衡仿古法重新制造出指南车，流行一时。指南车的形制结构，实际上是指南仪（古称司南）与马车的结合体。汉代的指南车，据《宋书·舆服志》介绍，其设计如鼓车，即在马车舆中安装有一个木人形指南仪，车子行驶时，尤其是遇到雾天，可据木人的手指永远向南辨明方向。指南车的牵引动力，据说有驾四马的，也有驾二马的，但从汉代鼓车的系驾情况看，可能以驾二马或一马的为多。完整的指南车全形在汉代考古资料中目前尚未见到，故其真实面目还有待发现，以东汉时期流行双辕车的现象推测，汉代指南车也应是双辕车结构。

记里鼓车，是汉代始创并流行的用以计算路程的马驾车子，其形制结构实质上也是记里设置与马车的结合体。记里设置通常是由一鼓和木人构成，鼓和木人均通过木杆相连接，木杆底部又穿越舆底与车轴连接，木人连接在鼓的两面正前方，手执双槌，当马车向前行驶一里的路程，木人就抡槌击鼓一次，击鼓次数的总和便是行驶的总路程。据考古发掘资料揭示，汉代的记里鼓车可分出大型和小型两类：大型者见于山东孝堂山画像石，车子为双辕，舆厢下部为长方形舟船状，即平底舆壁外侈，与舆壁相连处继续向外向上前后延伸出一个波状顶的棚屋，棚屋内可乘坐至少五人，舆中部立一柱，下接车轴，上穿篷顶后架一大鼓，柱顶又设棚盖，前后连接着手持双槌的木人，车辕中系驾两马。小型者见于河南南阳画像石，车型较小，双辕，车舆无拦壁，舆中立一柱，下穿舆底与轴相连，上架一鼓，柱顶连接弓形盖，舆后设一持槌击鼓的木人，舆内仅可乘坐驭手一人，车驾一马，马车前有导骑引路，显然是一辆专门的记里鼓车，御者大约同时兼有计算路程的任务。而大型记里鼓车的御马人，仅司驾车之职，记录里程的任务是由下层大棚内乘坐的人负责。汉代的记里鼓车，尤其是大型者，从其车型巨大、设备齐全、乘载人员较多的情况看，除了一般的计算路程功能外，还被认为是当时测量距离的一种工具。通过车子的行走和里程计算，便可测量描绘出较精确的城乡地图（见图14）。此外，从《东观汉记》"光武帝时各都王国有献名马者，帝以马驾鼓车"的记载看，汉代的记里鼓车，在牵引动力上亦讲究使用名马。

（1）　　　　　　　　　（2）
（1）山东孝堂山画像石图像　（2）河南南阳画像石图像

图14　汉代记里鼓车

汉代的马车，如前所述类型很多，名称各异，但若从乘车人的姿态区分，不外乎是立乘的高车和坐乘的安车两大类。西汉初期，乘车讲究扶轼俯首之礼和站立的容姿，故时人多乘高车。到了西汉中晚期后，乘车追求舒适、享受，故坐乘安车迅速流行。东汉以后乘车必坐乘成为时尚，而且"贵者乘车，贱者徒行"，乘坐马车与否，乘坐哪种形制的马车等均成为区别地位、身份高低的标志。汉代的大小官吏和富裕人家，一般都有相应的马车。车马出行，成了当时统治者生活中的一个重要内容。"出门登车去，涕落百余行,府吏马在前,新妇车在后。下马入车中,低头共耳语"(汉乐府诗《焦仲卿妻》),是形容新娘子乘坐马车的情景;"驱车策驽马,游戏宛与洛"(汉代古诗),是描写乘坐一般马车游玩的情形;"使君从南来,五马立踟蹰"(《陌上桑》),则是形容太守乘坐用五匹马牵引的车子的威仪。显然,汉代的文学作品也从不同的角度反映了汉代马车的普及和应用情况。

 秦汉驴车、骡车和人力车

(1)驴车。用驴驾车的习俗如前已述,大约可上溯到东周时期。秦汉时期,此种习俗仍在沿袭,但应用范围仍然很窄,《汉书·五行志》有"灵帝于宫中西园驾四白驴,躬身操辔"的记述,说明汉代帝王有亲驾驴车自娱的举动。用四头白驴驾车,在汉代当是个别现象,估计在民间中用不起马的人,大多是使用驾一驴的驴车。汉代的驴车形制,因资料缺乏目前尚不甚明了,估计当是双辕马车或牛车形制的直接借用。

(2)骡车。秦汉骡车的制作和使用情况,因资料缺乏,目前尚不明了,但从《史记》中有"大将军卫青围匈奴薄暮乘六骡"的记载看,该时期当存在骡车的制作与利用。骡车的形制可能亦是双辕马车或牛车等形制的照搬或借用。

(3)人力车。秦汉的人力车,其种类和形制特点基本是从先秦时期的基础上发展而来。秦朝的人力

车，因资料缺乏尚无法细述。汉代使用人力车的情况相对较为明了，据考古资料揭示，大致有辇、輂两种类型。

辇，即独轮车，其创制至少可上溯到商、周时期，秦代仍在沿用。西汉以前的独轮车，因缺乏实物或图像资料，具体形制无法详述。西汉末期至东汉时期的独轮车，其形制特点可据考古资料明了。四川成都杨子山、彭县、新都、渠县和山东嘉祥等地发现的画像砖、画像石和石阙上，均分别见有独轮车的形象，其形制特点是：一轮有辐居前位中心部位，以轮毂孔中心为起点向后连接一长方形双把手的木质框架，独轮夹在框架前沿中，夹轮上部设一护轮架，使轮转动时能与架上乘载的人货隔离。车框架长加上轮的半径，即构成全车的总长度，框架前部为主要承重点，故双把手之间连接有横撑竖条，构成货架，以便放稳货物。框架后部双把之间空缺，为人居其中握把推车之处，人手握双把末端。从双把末端至货架横撑之间，双把的下部又各设一与把垂直结合的支脚，支脚高略小于轮的半径，使车子停放时略向后倾斜。当车子行驶暂停或装卸货物时，双支脚和车轮便形成鼎足之势。当推车人疲劳时，也可坐在车架上稍事休息，四川渠县蒲家湾无铭阙上所见的独轮车图像上，描绘了一人坐在手推车上歇息的情景，由此可见双支脚与轮子静止时构成的着地稳定程度是很高的。汉代的独轮车，既可载物，又可乘人，由于是依靠人力推动的，故其使用对象均限于下层民众，在用不起马车、牛车等下层百姓中，独轮车成为非常流行、非常实用的短程交通运输工具。在乡村或小城市镇中，独轮车不受道路条件好坏的约束，在农业生产和日常生活的交通运输中，均发挥了不可或缺的重要作用。汉代的独轮车，据考古揭露的图像情况看，似乎又可区分出大小两种形态：大者一般车身较长、较宽，载重力相对较强，而操纵车的人也相对较健壮；小者车身较短、窄，多用于运载小件货物，推车人的身体和力量条件也因此要求不高。由于载物不多，装卸容易，故这种小型独轮车有时连支肢设置都没有，如四川新都画像砖中所见的一种独轮车，便是没有支脚、车身小巧的独轮车。汉代的独轮车，亦称作"鹿车"。鹿即辘、辘轳，"鹿车"即"辘车"（见图15）。汉乐府诗《孤儿行》中的"瓜车"，也当是独轮车。

辇，秦汉时期，这种双轮人力车仍在民间继续沿用。汉代的辇车形态图像，在出土的东汉画像石上已有所表现。江苏睢宁汉画像石上所见的辇车，形制结构大致与汉代的双辕牛车或马车相仿，但形体规模要小一些，双直辕带刺状物，辕末端似有一绳索相连，双轮有辐，舆进深较短，辕亦较短，舆栏较矮，舆上、辕上共停立着三只长尖喙的鸟，其形态可能与文献所说的"鸠车"有关。从该车出现在农耕场合和车上栖鸟的情况看，该车当是农业用车，如运载肥料、种子等，并依靠人在舆前扶两辕挽拉行驶。山东沂南画像石上所见的辇车，与汉代的直辕辇车或栈车形制相近，双直辕，辕末端有绳索相连，双有辐轮，舆身宽敞呈

图15　汉代独轮车（左上、左下）

（四川新都画像砖图像）

长方形，周围有用席类物环绕成的矮舆壁，车上无棚无盖。从车子均停靠在烹调作业场地的情况看，车子的用途是运载各种食物的，车子的利用也是依靠人力在双辕之间向前挽拉达成的。四川汉画像砖上所见的双轮手推车，形制与独轮手推车接近，但多一轮，载物框架设在两轮之间，车轴上物架前端立有档架，两把手下各有支脚一个，停车时，人可坐在车架两把上歇息。江苏、山东、四川等地画像石、砖上的辇车形态，基本代表了汉代（尤其是东汉时期）辇车的基本形制。汉代的辇车，由于是依靠人力推动行驶的，故其与独轮车一样属于档次较低的交通工具，是汉代劳动民众在日常生活中使用频率最高的重要的运输交通工具。（见图16）

图16　汉代人力双轮车

（四川汉画像砖图像）

 **秦汉水上交通工具**

秦汉时期水上交通工具，借助秦创汉承、天下一统的天时地利，在东周的基础上，种类、制作技术、制作规模和应用范围，都获得充分的发展，取得巨大的成就，并在中国古代水上交通工具发展史上占有非常重要的地位。

秦汉时期水上交通工具的迅速发展，与秦始皇、汉武帝奠定的郡县版图即交通区域密切相关。秦汉时期中国的交通版图，东达朝鲜北部、辽东和东海之滨，南达南海沿岸即今广东、广西和越南北部一带，西至今甘青地区，北抵黑龙江、内蒙古一带。这一偌大的交通地域亦即统治区域的开发形成以及沟通、巩固，是社会政治、军事、经济等综合国力强盛的结果，同时也是交通能力、交通工具迅速发展的结果。而其中对辽东、朝鲜北部和东海沿岸地区的开发，对吴越、南粤，尤其是海南岛等南海岛屿与沿岸地区及越南一带的经营开发，均有力地暗示了秦汉时期水上交通能力和交通工具的制作与利用水平。1975年，广州市发现并发掘出一处规模宏大的秦汉时期的被认为是船台的遗址（即造船工场），遗址中心部分平行排列着三个滑度长度均在88米以上的造船台，其中一、二号船台均是由枕木、滑板和木墩构成的水平式船台，二号船台宽5.6～8.4米。据专家初步研究考证认为，若以二号船台长宽度计算，则该船台至少可制造出宽6～8米、长20～30米、载重量达50～60吨的大型木船；若将一、二号船台并台造船，则船只规模和载重量就更为可观了。广州秦汉造船工场始建于秦统一岭南时，一直延续使用到西汉初年文景之际，造船时间前后达五十多年。这个造船工场反映了当时南越国的造船技术水平，而从其船台结构、船场整体布局、造船规模、合理选材和应用榫铆法加钉接合船体等技术特点看，基本代表和反映了秦汉时期造船水平的一般情况，透过该船台的出土现象可知，秦汉时期的造船能力、技术水平以及操舟驾船水平都是十分突出的。

秦汉时期水上交通工具的种类，大致有独木舟、各种木板船及筏子等几大类，其中木板船最重要，是当时主要的水上交通工具。它种类多，用途广，是秦汉时期利用率最高、发展最迅速，并代表水路交通最高水平的水上交通工具。

（1）秦时的舟船。秦始皇一统天下后，为颂扬秦德和炫耀秦威，曾携朝廷要员到处巡游。在巡游活动中,除以车马作为陆路交通工具外,亦常常乘坐船只"浮江"、渡河或"与议于海上"(《史记·秦始皇本纪》),并曾"遣徐市(福)发童男女数千人,入海求仙"(同上)。另外,在"南取百越之地,以为桂林、象郡"之前,曾委派史禄率秦军和民工引湘水入漓水,沟通南北水道,开凿著名的灵渠,使北船能直接穿越五岭进入岭南。灵渠凿通后,秦始皇即派遣秦尉屠睢、赵佗"将楼船之士南攻百越"(《史记·主父偃列传》),最后完成统一岭南的大业。秦始皇的浮江、渡河,当是乘坐中、小型木板船实现的,而其与群臣、"与议于海上"和徐市的率男女儿童数千人入海求仙,则应是乘坐有帆的大型海船。任嚣、赵佗率水军南攻百越的楼船,则是一种体型较大在内河上运行的建有二层以上楼舱的主力战船。有关秦时的船只种类,目前所知仅"楼船"一种,其他船只种类及秦船的形制特点,因文献无记载和考古发掘未见实物,详情尚无法阐明。秦时的木板船,除见于以上应用外,还被广泛应用于一般性的民间货运中,在吴、越、南粤等南方地区,船更成为最主要的交通工具。民间使用的船只,一般都是中、小型木板船,但在一些捕捞或出行活动中,仍存在使用独木舟的现象。

(2)汉代的水上交通工具。汉承秦制,但青出于蓝胜于蓝,从汉武帝时期开始,汉代的水路交通呈现出突飞猛进的发展势头:水上交通工具的制作和空前利用较为合理,水上交通工具的形制与内容丰富多彩,水上交通工具的面貌也更趋具体清晰,水上交通工具的功能与性能也更趋完备和精良。

　　汉代水路交通业的繁荣和辉煌成就，主要是通过航海活动和内河航行活动来体现的。其中汉代航海活动、海上交通贸易和文化交流活动的成功进行和频繁出现，标志着汉代的水上交通能力已达到一个很高的水平，使汉代成为中国交通史上海外海路交通的第一个繁荣鼎盛时期。《汉书·地理志》说："夫乐浪海中，有倭人，分为百余国，以岁时来献见云。"《后汉书·东夷传》说："倭在韩东南大海中，依山岛为居，凡百余国，自武帝灭朝鲜，使驿通于汉者，三十许国……建武中元二年，倭奴国奉贡朝贺，使人自称大夫，倭国之极南界也。光武赐以印绶。安帝永初元年，倭国王师生等献生口百六十人，愿请见。"这里记述的倭人，即汉代居住在今日本诸岛的岛民，倭人与汉王朝的驿传、朝见和进贡活动，显然都是通过乘用海帆船航海来实现的。汉光武帝刘秀赐给"汉倭奴王"的金印，1784年已在日本九州筑前出土发现，从而证实建武中元二年乘海船渡海到中国本土的倭人居住在日本九州地区。汉王朝与倭人的交往，显然是属于一种纯粹的海路交通交往。与倭人居地相邻的朝鲜岛屿上的韩人，与汉王朝发生的驿传、贡属关系也同样离不开海路交通。汉代在南海上的航海活动，更以远距离长时间而著称。《汉书·地理志》说："自日南障塞，徐闻合浦，船行可五月，有都元国。又船行可四月，有邑庐没国。又船行可二十余日，有谌离国。步行可十余日，有夫甘都庐国。自夫甘都庐国，船行可二月余，有黄支国……自武帝以来，皆献见。有译长，属黄门，与应募者俱入海，市明珠、璧、流离（琉璃）、奇石异物。赍黄金杂缯而往。所至国，皆禀食为偶。蛮夷贾船，转送致之，亦利交易……平帝元始中，王莽专政，欲耀威德，厚遗黄支王，令遣使献生犀牛。自黄支船行，可八月，到皮宗。船行可二月，到日南象林界云，黄支之南，有已程不国，汉之译使自此还矣。"据学者考证，其中的黄支国即现在印度马德拉斯的康迦法拉母，夫甘都庐国在今缅甸境内，皮宗即马来半岛西南沿岸的蒲牢皮散。据此可知，自汉武帝开始，由中国今广东雷州半岛为起点的南海远洋航线已经开辟。南海上的航船，已出现船行少者20多天，多者达8个月那样长时间的远洋航行，航行的目的主要是贸易和纳贡。这种航海贸易和纳贡活动，在东汉时亦在持续不断，《后汉书·西域传》说，"天竺国，一名身毒……至桓帝延熹二年，频从日南徼外来献"，"至桓帝延熹九年，大秦王安敦，遣使自日南徼外，献象牙犀角瑇瑁"。天竺即今印度，大秦在今意大利罗马，由此亦知，东汉时期的海上交通最远已到达古罗马帝国。以上有关汉代南海航海活动的记述，充分说明了汉代远洋海路交通的发达，这是建立在海船制作技术和航海技术均已比较成熟、达到一流水平的结果。据文献记载，中国早在先秦时期便已开辟了东北沿海和东南沿海的航线，到西汉时期，近海的航行已不仅局限于秦时那样的观光巡游，而是扩展为大规模的军事运输、征战和商业货运等活动。如在东北沿海上，西汉元狩二年，汉武帝"遣楼船将军杨仆，从齐浮渤海，兵五万人，左将军荀彘出辽东"(《史记·朝鲜列传》、《汉书·朝鲜传》)，水陆并举征伐朝鲜，并因此使居住在朝鲜东南大海中的日本倭人与汉朝缔结了密切的贸易、贡纳关系；东汉末年，公孙度从辽东一带"越海守东莱诸县"(《三国志·公孙度传》)，即从辽东远越渤海来收并山东东莱诸县。在东南沿海，即现在的江苏、浙江、福建、广东沿海地带，当时分布有东瓯、闽越和南越（粤）等族，汉武帝建元三年"闽越围东瓯，东瓯告急。遣中大夫严助持节发会稽兵，浮海救之"(《汉书·武帝纪》)；元鼎五年，南粤反，东粤王"余善上书请以卒八千，从楼船将军击吕嘉等。兵到揭阳，以海风波为解，不行"(《汉书·东粤王传》)。由此可见，汉代对东南沿海地区各族的兵戎相见，常常是通过近海航行来实现的。

汉代的水上交通工具，应用范围广，使用频率高，由此而产生的名称种类也特别多，下面择要作一介绍。

独木舟。尽管汉代的船舶制作和航行技术已相当发达，但作为一种简易的水上交通工具独木舟，在特殊的场合，在一定的阶层人士中仍在应用。汉代独木舟形体很小，一般仅能乘一人，广州西汉早期墓M1050，曾发现出土了一件独木舟模型，四川新都发现的东汉采莲画像石，也见到坐乘独木小舟采莲的图像。由此可见，坐乘独木舟浮河渡江的习惯，在汉代尤其是南方水乡的平民百姓中仍在流行。

楼船。如前所述，早在东周时期的吴、越国中便已使用。汉代楼船是对东周楼船的直接发展,是当时最有影响力、用途最广、制作难度较大、反映和代表汉代造船水平和航船技术的重要船种。汉代楼船是一种"船上施楼"的大船(《史记·南越尉佗传》裴骃集解引应劭注),"楼船高十余丈,旗帜加其上"(《史记·平准书》),或"又造十层赤楼帛兰"(《后汉书·公孙述传》),或"船上建戈矛,四角悉垂幡葆旎"(《三辅黄图》),这显然是相当华贵和庞大的水上交通工具。从广州秦汉造船台显示的造船规模看,高十余丈有舱楼十层的船只在当时是能够生产出来的,但推测生产这种庞然大物只属个别现象,真正的广泛应用于军事和商业运输中的楼船,楼层应少一些,体型也小一些。据文献介绍,汉代的楼船,主要用于军事征战,故又被视为当时的主力战舰,成为当时水战能力或水师总体实力的重要标志,大凡重要的战役(尤其是在南方水乡地区发生的战役)都断然少不了楼船,"楼船士"也因此成为水兵或水军部队的代名词。如前所述,秦始皇统一中国平定南粤时,楼船发挥了重要的作用。同样,在汉武帝平定南越吕嘉反叛战争中,有"江淮以南楼船十万师往讨之(《史记·南越尉佗传》),或"因南方楼船士廿余万人击粤"(《汉书·食货志》),楼船所起的作用不言而喻。一般认为"江淮以南多楼船士",楼船是南方地区的主要交通工具或战船,从渊源角度和应用频率看,这是毋庸置疑的。但由于楼船的乘载、行驶和战斗能力(尤其是在水源充足的沿海地区)是陆路马车所无法比拟和代替的,故汉王朝特别重视楼船的引进、制作和利用，并建立有专门的楼船部队，设置"楼船将军"一职，建立有庐江、豫章、寻阳、会稽、番禺等楼船生产基地。汉代最著名的"楼船将军"前有杨仆，后有段志；汉代最成功的楼船战例是西汉时的平南粤、征朝鲜，东汉时的击交趾、至合浦。楼船不仅在战争中发挥着重要作用，而且在民用货运和远洋贸易中也发挥着重要作用，汉代在南海远洋活动中都是依靠利用包括楼船在内的大型船只来实现的。"泛楼船兮济汾河，横中流兮扬素波。箫鼓鸣兮发櫂（划船工具）歌，欢乐极兮哀情多。"汉武帝刘彻的一曲《秋风辞》咏叹调，生动地再现了乘坐楼船在内河上观光游览的浪漫情趣。

冒突、露桡，均是汉代的船名。《后汉书·岑彭传》载"进楼船、冒突、露桡数千艘"，或认为冒突、露桡均是楼船中的一种，从前文三者并列关系看，估计各是不同类型的战船名称。冒突，在东周时期亦称突冒，当是一种船上装置有供冲击敌方船阵用的利器，船体较小而坚固，且速度较快的战船；露桡，从名称看，可能是一种船上装配障碍物，专用于狙击敌船前进的战船，或即"上下重床"，"四方施板以御矢石"（《释名·释船》）的"斗舰"。

戈船，是东周时期越人发明的一种船只，因船上装配有戈矛而得名。《史记·南越尉佗列传》、《汉书·武帝纪》、《汉书·两粤传》等均有归义越侯严"戈船将军"的提法，《百越先贤志》则明确"汉武帝伐南越……（郑）严为戈船将军，出零陵，下漓水"。据此可知，汉代的戈船当与东周戈船形制、用途相类似，均是一种用于战斗的小型战船。

艘，亦写作"榒"。据《说文解字》所释，艘指汉代航海用的大船。前述的远洋航海，除利用楼船外，也当利用艘，艘很可能是带有风帆装置的大船。

舲、艇。《淮南子·俶真训》说："越舲蜀艇不能无水而浮。"所谓越舲，是指汉代越人常用的小型船只；舲，《玉篇》说"同䑠，小船屋也"，《广韵》说是"舟上有窗"的船，由此而知，舲是一种带小型屋形船舱，舱上设有窗户的小船。舲船属在内河行驶的交通运输工具，广州西郊西汉墓出土的一具带小舱楼式的木质船模，当是当时越人使用的舲船型制。所谓蜀艇，是指汉代四川等地区流行的一种小船。《释名·释船》说："二百斛以下曰艇，其形径挺，一二人所乘行者也。"《方言》说："小艒䑠谓之艇。"《淮南子·俶真训》说："蜀艇一版之舟，若今豫章是也。"据此而知，艇是一种形窄而长没有甲板和舱屋的内河小船，主要用于农业活动和渔捞活动，一般仅能容载一二人，个别稍大者可容载三四人。四川郫县东汉画像石棺上的小渔船、德阳画像砖上的采莲船、山东嘉祥武梁祠、江苏睢宁等处所见的小渔船等，均应属艇。（见图17）

艒。《释名·释船》："三百斛曰艒。艒，貌也；貌，短也。江南所名，短而广安，不倾危者也。"这是汉代江南地区流行的一种船体宽而短的内河交通工具，是船体较舲、艇为大的中型船。

先登。《释名·释船》："军行在前曰先登，登之以

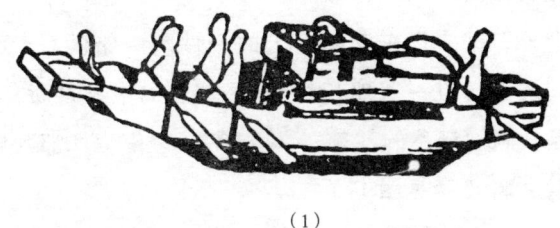

(1)

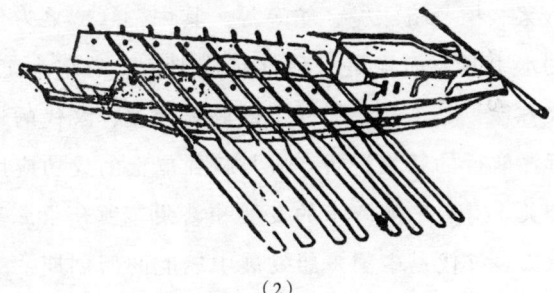

(2)

(1)汉代舟船(广州汉墓出土陶模型)
(2)长沙西汉墓出土木船模型

图17 汉代舟船

向敌阵也。"这是一种用于运送士兵登陆攻击的前驱快艇,其作用犹如现代的登陆艇,属中小型船。

斥候。《释名·释船》:"五百斛以下,还有小屋,曰斥候,以视敌进退也。"这显然是一种用于侦察敌情的中型船只。

艨艟。《释名·释船》:"外狭而长曰蒙冲,以冲突乱船也。"这是一种外部用生牛皮蒙覆,两弦开有划桨孔,左右设有"弩窗矛穴",使敌船难以接近,但又不怕矢石攻击的快捷进攻型小战船。其作用或与冒突、戈船相类似。

此外，据广州东汉墓出土的一件陶制船模看，汉代民间还流行有一些船长约20米左右的中型客货船，可能是文献中泛称的"舸"。《方言》："南楚江湘凡船大者谓之舸。"（见图17）

汉代的舟船不仅种类繁多，而且用于推进行船的设置或工具亦较为完备。汉代的行船推进工具至少有篙、桨、橹、帆、桅、舵等等。其中，篙、桨为传统的划水工具，而橹是一种具有特别意义的划水工具。帆又称篷，是张挂在桅杆上的驶风装置，汉代的近海和远洋航行的频繁进行，应与帆在船上的成功应用密切相关，对后来航海术的发展和繁荣，具有非常重要的意义。汉代是中国舟船发展中船舵的始创期，汉代的船舵最早还保留着桨的形态，如1951年湖南长沙西汉墓出土的木船模和1974年湖北江陵西汉墓出土的木船模，其尾部的舷边均置有一长木桨，这显然是用来控制船只行驶方向的最原始的桨形舵。其后，又迅速产生了通过自身转动控制航向的船舵，广州东汉墓出土陶船模船尾上所见的舵，是迄今所知年代最早的古舵。舵的应用至少在东汉时期便已广泛流行。《释名·释船》："其尾曰柁。柁，拕也，在后见拕曳也，且弼正船使顺流不使他戾也。"基本归纳了汉船舵的主要功能与特点。

筏，古称箄，《后汉书·邓训传》李贤注："箄，木筏也。"《后汉书·岑彭传》说"乘枋箄下江关"，注说"枋箄以竹木为之，浮于水上"。汉代的舟船制作和应用技术虽很普遍、发达，但在一些特殊的场合中，筏仍在水上交通起着一定的作用。汉代的筏可分竹木筏和皮筏两类。竹木筏，在四川广汉和彭县出土的东汉画像砖中，均见有竹木筏的形象，筏由数根竹木捆连而成，筏浮水上，有两人在筏上浮水捕鱼。据此推测，竹木筏多应用于捕捞鱼类的活动，但亦不排除它在其他生活场合应用的可能。皮筏，一般是用牛、羊皮缝制成袋子（囊），然后将袋子联结一起充气成筏。《水经注·叶榆水篇》说："汉建武二十二年，王遣兵乘革船南下水，攻汉鹿茤民。"这里的"革船"，或认为皮筏。又《后汉书·邓训传》说："训乃发湟中六千人，令长史任尚将之，缝革为船，置箄上以渡河。"这是较明显的皮筏应用实例。据此两例记述可知，汉代已较为广泛地制作和利用皮筏了。

 **秦汉骑乘**

秦汉时期是中国古代骑乘发展史上的一个重要时期。当此之时，在战场上战车的地位开始被骑兵部队逐渐取代，骑射成为最锐利的军事手段，骑兵部队的优劣成为决胜千里、运筹帷幄的最重要的砝码。在战争骑术发展的推动下，民间的骑乘利用也蔚然成风，在引重致远的商业活动中，在邮驿通信、探亲访友中，在出行游览以及娱乐活动中，大都有骑乘行为的伴随。秦汉的骑乘因骑畜的不同，又可区分出骑马、骑牛、骑驴（骡）、骑骆驼、骑大象、骑鹿等等类型。

（1）骑马。骑马代步，是秦汉时期最常见、最重要的交通手段之一。秦汉的骑马利用，主要体现在战争场合和日常生活中。

战争场合的骑马利用，是当时马匹骑乘交通中最大的利用，除了一些只能利用船战的地区，绝大部分的陆地战争都不能缺少以骑乘马匹为进退的骑兵，是属于在马背上较量的战争。由于车战的逐渐衰落，所以一部秦汉时期战争史，在很大程度上可说是一部骑兵或"骑射"争战的历史。公元前230～前221年，秦始皇用了十年的时间先后征服韩、赵、魏、楚、燕、齐六国，在统一中国的过程中，仅秦国就动用兵员总数在百万以上，加上各国抵抗的力量，秦统一战争中动用的兵员总数达数百万。这数百万军队的组成，据秦始皇陵兵马俑坑的发掘研究可知，可区分出车兵、步兵和骑兵三大类，而骑兵所占的数量至少在三分之一以上。庞大的骑兵队伍和由此发生的规模宏大的骑射场面，足以说明骑兵在秦统一战争中所发挥的重要作用。秦一统天下后，于公元前214年"使将军蒙恬发兵三十万人北击胡"，又"西北斥逐匈奴"和"逐戎人"，以及公元前208年镇压陈胜等农民起义军（《史记·秦始皇本纪》）时，均利用了强大的骑兵力量。楚汉战争时期，汉高祖曾聚兵"五十六万人，东伐楚"，楚霸王项羽则"以精兵三万人""大破汉军"，后汉将韩信又"大破秦军"。从垓下之战项羽兵败"乃上马骑麾下壮士骑从者八百余人"，汉军"令骑将灌婴以五千骑追之"(《史记·项羽本纪》)的记述可知,骑兵在楚汉战争中扮演了主要的角色。西汉时期,公元前200年汉高祖刘邦反击匈奴至平城,公元前127年汉将卫青率军出击匈奴,公元前119年卫青、霍去病各领五万多骑兵深入漠北攻击匈奴,公元前90年汉将李广利和商丘成共14万人出击匈奴等等,都有效地利用了骑兵部队,并显示了骑射水平。在东汉王朝刘秀镇压农民起义军战争和公元73~91年期间的出兵击匈奴战争中,骑兵和骑射也都毫不例外地成为取胜的法宝。山东滕县汉画像石,河南郑州、洛阳汉画砖上发现的"骑射"图像,或追逐对射,或持弓骑行,刻画细腻、生动;山东沂南画像石则见到持矛(棨戟)执铃或持刀执盾的骑马战士形象。这些画像砖、石图纹资料和发掘出土的秦代兵马俑资料,无疑为我们领略和遐想秦汉时期的骑兵英姿和骑战场面提供了翔实可靠的形象依据。这些都足以证明文献记载之真实,并弥补了文献记载之不足,使我们能够较完整地认识秦汉时期骑兵在战争交通利用中的真实面貌。

　　日常生活的骑马利用,在秦汉时期发展尤为迅速。其中,表现最为突出的是邮驿传递、出行导引护卫、田猎以及骑术、骑技表演等。邮驿传递骑马,早在东周时期便已发生,秦汉时期由于统治地域的扩大和邮驿站的增加以及文化交流的扩大,骑马邮递各种信息的利用,比过去更为频繁、突出和广泛。出行导引护卫利用马匹,在东汉画像石、砖上表现得也十分突出和充分。汉代的帝王、贵族和高官出行,通常是乘坐专门的马车,马车前后则有骑吏导行护卫。骑吏一般在马上执幛幡或棨戟,讲究者或配备吹奏乐器,进行骑行吹奏,起仪仗炫耀的作用。由马车和骑乘组成的出行,一般称为车骑出行。车骑出行是汉代十分盛行的习俗,更是体现汉代骑乘利用价值的重要社会现象,并由此产生或形成一种专职骑马导行或护卫的骑吏阶层或队伍。骑吏导引和护卫出行,可说是汉代陆路日常生活交通上的一大特色。至于秦代是否已出现这种车骑出行举动,目前因缺乏实证尚无法论定。此外,在汉代日常生活的骑马利用中,据汉画像砖、石资料可知,还出现了在马背上进行骑术、杂技表演以及骑马打马球等体育娱乐活动。这些骑马游戏活动的出现,表明汉代的骑马和驭马技术水平已达到非常娴熟的程度,汉代的骑马利用已取得比前一时期更为辉煌、杰出的成就。

此外,还值得一提的是,在秦汉时期的骑马术发展中,秦始皇陵二号俑坑战马和陕西咸阳杨家湾西汉初年骑兵俑战马上均发现原始的鞍具——"鞍垫",及至西汉晚期,又最早出现凹形马鞍。这些无疑为鞍具的完善和骑马术的发展奠定了重要的基础。

(2)骑牛。秦汉时期的牛,在交通利用上主要是驾车,但在个别场合中,也出现了骑乘的利用。《酉阳杂俎》载"汉建武二十一年,有人骑白牛蹊人田",据此则记述,骑牛代步在汉代民间当是较为流行的。

(3)骑驴(骡)。秦汉时期的驴(骡),如前述曾利用来驾车，但在个别场合中，也被利用为骑乘。《汉书·西域传》载"乌桓国有驴无牛"，汉代的乌桓国大约是善养驴、骑驴的少数民族。《后汉书·邓训传》有邓训用驴为辇的记述，以驴为辇即以驴当骑行用牲畜。据此可知，东汉时期当流行有骑乘驴代步的交通习俗。

（4）骑骆驼。秦汉时期已明显将骆驼作为军用和民用的交通工具。考古发掘资料所见汉代骑骆驼的实例较多：湖南长沙杨家山西汉墓出土漆器上见有骆驼的图纹；甘肃嘉峪关黑山石刻画有骆驼和放牧人群的图像；山东西城山有骆驼浮雕像；山东肥城孝堂山汉画像石所见的出行图中，有非常逼真清晰的两人骑乘骆驼行走的形象；更为精彩的是四川新都东汉画像石上所见的"驼舞"图，生动地表现了两人乘骆驼并在骆驼背上翩翩起舞的情景。以上情况说明，秦汉时期的骆驼骑乘利用已有了空前的发展。

（5）骑大象。山东肥城孝堂山画像石出行图中，除描绘骑马、骑骆驼和步行的形象外，还描绘骑大象出行的图像。由于大象较骆驼、马为大，故骑行时可三人同时骑乘。孝堂山的骑象出行图形象地说明了汉代的骑象利用在交通上已有特别的意义。（见图18）。

（6）骑鹿。据四川新都汉画像砖所见的骑鹿游戏图而知，汉代在个别场合中也出现了驯化鹿为骑行用牲畜的行为。鹿的骑行嬉戏，当是汉代独具特色的发明与利用。（见图19）

图 18　汉代骑骆驼、骑象、骑马

（山东肥城孝堂山汉画像石图像）

图 19　汉代骑鹿

（四川新都汉画像砖图像）

 秦汉舆轿

秦汉时期是舆轿初步流行的时期,也是"舆轿"名称出现的时期。《汉书·严助传》载"舆轿而隃(逾)岭",由此推知,秦汉时期的舆轿功用与夏商时期的欙或桥完全相同,主要是利用在翻山越岭而无法乘坐马车、牛车的场合中。它是在山路行走中靠人力抬扛而乘坐的交通工具,乘坐者均是有钱有势的达官贵人。这种依靠人力抬扛乘坐而行的工具,一般都是用竹料制成,故又称"竹舆"、"篾舆"、"编舆"、"筍"或"箯"等。秦汉舆轿的形制,在中原地区当与东周时期河南地区流行的舆轿形制差不多,由于目前尚缺乏真正可资比较的秦汉舆轿实物遗迹,故在此无法作具体的形制界定;但据考古资料揭示,秦汉时期的一些边远地区,不仅与中原地区一样,流行舆轿这种交通工具,而且其形制结构,还可通过一些图纹形象资料获知。如在云南晋宁石寨山汉墓出土的铜鼓贮贝器上,清楚地记录了舆轿应用的实况,其中的舆轿,作长方兜篮形,舆身用竹料编制而成,舆底固定在两根长竹竿上,两根长竹竿的前后两端又有横竿固定。舆轿使用时让乘舆者先安坐在舆中,然后由前后端各两个抬轿人通过将绳索穿系在横竿和抬竿上,肩扛直立使舆轿升起,抬轿人一手扶抬竿一手扶轿竿,这样,舆轿便可安稳地行进。这种舆轿形制和应用情况,反映了汉代滇人的舆轿特点和抬轿特色,同时亦

表明舆轿是当时滇人出行中一种惯用的,代表统治者地位、身份的主要交通工具。秦汉时期舆轿利用的逐渐普及和推广,为魏晋南北朝时期舆轿的大发展、大流行奠定了重要的基础。(见图20)

图20　汉代舆轿应用图

(云南晋宁石寨山汉铜鼓贮贝器纹饰)

五 魏晋南北朝时期交通工具漫话

合久必分，分久必合，中国历史在经历了秦汉时期长达400多年的大一统局面后，公元220年以曹丕代汉称帝始，首先进入了一个由曹魏、蜀汉、东吴割据鼎立的三国时期。公元265年司马炎代魏称帝，国号晋，史称西晋并统一了中国，但不久，西晋王朝仅历4帝共52年便被十六国崛起的浪潮所吞没，北方地区从此进入十六国割据时期。公元317年，司马睿在南方重建晋朝，史称东晋。从公元420年东晋灭亡到589年隋统一的170年间，中国历史出现了史称南北朝的南北对峙局面，其中南朝从420年刘裕代晋始到589年陈灭亡，历经宋、齐、梁、陈四代；北朝从439年北魏统一北方始至581年隋灭北周，历经北魏、东魏、西魏、北齐、北周等朝。朝代更迭、割据分裂、战火不停是此时期的一大特点。在这种历史背景下，社会生产力和经济的发展呈缓慢的态势，交通工具的发展也因此受到了极大的限制。

与缓慢发展的社会形势相适应，魏晋南北朝时期的交通工具也处于停滞或缓慢发展的境况。这时期的交通工具与秦汉时期相比,其加工制作技术以及装饰追求都略逊一筹,种类也明显减少。从中国古代交通史的发展角度看,魏晋南北朝时期当是中国古代交通工具发展的低潮或停滞期。

魏晋南北朝时期交通工具的利用,当以崇尚、流行牛车、骑马和盛行舆轿,以及舟船再现生机等为主要特色,其他种类交通工具的利用,虽仍在持续,但其境况却大不如从前,尤其是日常生活中马车的应用一落千丈,其地位已逐渐被牛车所取代。

 **独领风骚的牛车**

牛车在西汉初期曾一度风行。西汉初期因战火刚熄、社会生产和经济尚处于恢复阶段,故出现"天子不能具钧驷,而将相或乘牛车"(《汉书·食货志》)的现象;而当社会生产得到恢复之后,马车才逐渐代替了牛车,成为主要的交通工具。与汉代形成鲜明对比,魏晋时期的陆路交通工具中,乘用牛车则蔚然成风,独领风骚。当时的王侯、士大夫阶层,交通往来,出府达城,都喜欢乘用牛车,在农田耕作、物资运输时,牛车亦充当最重要的角色,甚至在行军作战中,也每每利用牛车。晋朝的御衣车、御书车、御辂车、御药车和画轮车都是使用牛来牵引的,这种种门类有别的牛车,通常又成为当时帝王出行的主要仪仗队伍。魏晋以来,牛车之所以受到世家大族们的垂青,其中

牛车行走缓慢而平稳，且车厢宽敞高大，稍经改装，在车厢周围装棚施幔，在车厢内铺席子立几案，即可任意坐卧等特点，恰恰迎合了当时养尊处优、纵情享乐的士族大姓的口味，当是其重要原因之一；其次，东晋南渡以后南方牛多马少，也是其重要成因。

据文献记载，晋元帝继大统之后，始造大辂（车），由于马匹缺乏，不得已改驾六马为驾四马，之后，继位皇帝干脆以乘牛车为贵，大臣们自然竞相效尤，而当时辅佐晋元帝即位的王导，便以丞相之尊，乘坐过"短辕犊（牛）车"。自此后，乘坐牛车在东晋南朝成为豪富之家纨绔子弟炫耀富贵、标新立异和追求时髦的一种嗜好与手段。在《晋书·南史》中有许多关于世家大族崇尚牛车并据此引出诸多笑话的记录，如石崇、王恺驾牛车出游，并用牛车竞赛争先进入洛城，最后是石崇的牛车奔驰如飞鸟，使王恺所驾牛车无法赶上；晋司徒王衍乘牛车在车上持镜自照、洋洋自得；晋丞相王导生怕外妾被妻子侮辱，手执麈尾驱牛车前往别馆救护；南齐的陈显达诸子和王敬则诸儿等公子哥们儿，均以"精牛车，丽服饰"而出名；更有甚者，南宋的朱修之因坐牛车"牛奔坠车折脚"，而辞去尚书之官职；谢超宗则嘲笑因牛惊而从牛车上翻落在地的王俭为"坠车仆射"；此外，还有颜延之子颜竣虽权倾一时仍时常乘羸牛笨车。诸如此类的记载，均从不同的角度表明了牛车在南朝世家大族生活中占有举足轻重的地位。

在北朝，虽然骑马和乘马车仍在日常生活中占有一定的比重，但乘牛车的风气是日渐盛行。最突出的例子是《魏书》所载，北魏皇帝出行时乘坐的大楼辇车，用12头牛牵引；而据《北史·艺术传》所载，北魏道武帝天兴五年（402年），驾皇室车舆的数百头巨犗（阉牛），因瘟疫同一天死于路边。这些都足见北魏皇室驾车用车之多。不啻于此，当时的朝廷嘉奖，也多以赏赐牛车为重，如孝文帝曾特赐几朝元老高允"蜀牛一头，四望蜀车一乘"，高欢曾特赐牛车四乘给常景。此外，在战争及生产和日常生活的运输中，牛车的作用也很大，如：魏道武帝天兴五年，便是驱大军驾牛车伐姚平；北齐后主建宝林寺，运石填泉，往返漳河取材，主要是依靠牛车做运输工具。另外，御史中尉元仲景因喜驾赤牛车而被时人称为赤牛中尉。诸如此类，亦足见北朝使用牛车之盛与东晋南朝不相上下。

魏晋南北朝时期的牛车，从装饰用途区分，名称种类繁多，但从主体形制区分，大致有大楼辇、犊车（云母车）、皂轮车、通幰车、偏幰车、油幢车等类。

大楼辇，又称天楼辇，考古发掘未见实物和图形。传其结构有12根辕，车上有各种玉饰，用12条牛牵引，北魏皇室出行时乘坐的便是此类牛车。

犊车，亦称云母车，因车体以云母嵌饰而名。这是一种带屏蔽、驾八头牛的豪华牛车，晋时是王公使用或赏赐给王公地位身份的人专用的座车，考古发掘也未见实物图像。

皂轮车，据《晋书·舆服志》介绍，其形制犹如犊车，但皂漆轮毂，上加青油幢和朱丝绳络，并驾四牛，是三公有勋德者乘用的座车。

通幰车，据《晋书·舆服志》介绍，其形制类同犊车，但车舆上有通幰覆盖。幰即车上作棚布的帷幔，通幰是指在牛车舆的上部自前到后悬挂的一张大帷幔。甘肃嘉峪关晋墓壁画中所见的通幰车形象，是目前所见最早的通幰车形象。该车双直辕、双轮（轮辐约16根），车舆俯视为长方形，立体形似太师椅，车舆前有小矮栏，舆两侧有弧形扶手，舆上为卷席篷顶，舆前、舆后和舆顶部共向上支伸出6根幰柱，幰柱上部覆盖一张大帷幔。从双辕的间隔比例看，该车大约仅用一头牛牵引。与嘉峪关牛车图形略有差异的是河南偃师杏园村北魏墓M914出土的陶牛车模型，该牛车模型是作为随葬品埋进洛州刺史元睿的墓葬中的。出土时陶牛已残，仅存头、尾及身、腿、托板部分，头部銮饰齐备，垂尾粗壮，参考同地点出土陶牛墓例，知牵引车子的牛属巨犗（阉牛）。车厢保存较好，顶盖上拱，檐向外平伸，厢前有竖轸和御者座厢，后部开有长方形门洞，舆两侧有柱洞圆孔，双轮（辐8根）。综合墓主身份和牛车形制特点分析，推测该车属于通幰型牛车，舆两侧柱洞是支撑帷幔用的幰柱插入之处，帷幔在模型设计时可能省略掉，也许已腐朽无存。《晋书·舆服志》认为通幰车也是诸王三公乘用的座车，结合考古出土情况分析，该车型应是属于高级官吏乘用的座车形式之一。（见图21）

偏幰车，其形制类似汉代的马拉辇车或牛车。据

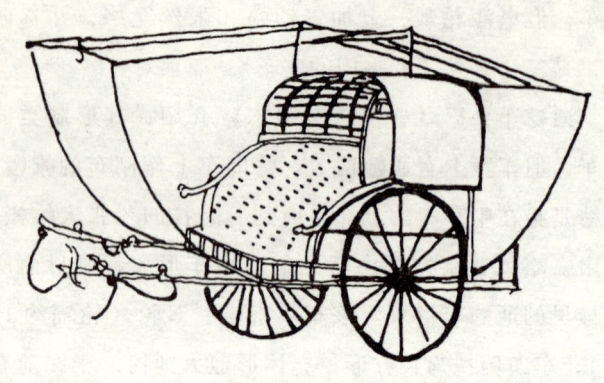

图 21　魏晋通幰车

(嘉峪关壁画图形)

河南邓县发现的南北朝偏幰牛车形态看,该车为双辕、双轮(16 辐),长方形车舆,舆身用席或布遮蔽,卷篷式舆顶,舆前伸出帷柱向上支撑起一幅与舆顶前檐紧密相接的帷幔,帷幔前伸度可荫蔽着驾牛和驭牛人。偏幰即指此类帷幔前伸荫蔽车前的篷布而言,偏幰车舆后或从顶而下垂一筅状帷布,车子由一牛牵引。河南偃师杏园村北魏墓 M1101 出土的一辆陶牛车模型,陶牛为巨犗(阉牛)形态,銮饰齐备,车厢盖呈拱形,前后檐外伸,舆前有轸,舆后开门,双轮无辐。从车子总体形态和舆旁设有插杆孔及墓主的地位身份分析,该牛车模型当属偏幰车类型,舆两侧的插孔当是支撑偏幰用的帷柱孔。从偏幰车的形制结构和装饰特点推测,该车型是在中级官吏或富裕商贾阶层中流行的座车形式。

油幢车,据《晋书·舆服志》介绍,这是一种驾一牛，形制如皂轮车，但轮毂上不髹漆、装饰较为简单的车子。南北朝考古资料中常见的那种有舆厢但没有帷幔的牛车，可能即是油幢车。乘坐此类车子的人是一般官吏或小地主阶层。日常的通用运输以及战时的粮草运输，也可能大多以此型车为主，如著名的"官渡之战"袁绍出动的万辆运粮车，当应是以油幢车为主的。

 **跌入低谷的马车**

魏晋南北朝时期，马车发展利用进入衰落期和停滞期。造成马车利用价值和社会地位的一落千丈的原因，是因为在军事上车战的过时和骑兵的迅速发展，在日常生活中牛车的风行和被器重，以及在水路交通上舟船业的迅速发展。

尽管马车的利用出现了前所未有的冷落局面，但作为一种传统的交通工具，在一定场合和特殊环境中（尤其是在北方地区），仍显示着自身的价值。据文献记述而知，东汉时期流行的辎軿车、辎辌车等形式，在魏晋南北朝时期仍在一些场合中被沿袭使用；从考古资料看到，这一时期至少在一些生活场合中使用着伯玉车、通幰车和偏幰车形式。

伯玉车，据晋画师顾恺之的《列女传图》所表现的形态看，其形制是东汉双辕双轮、四维伞盖，舆厢中容坐一人并由一马牵引的轺车的直接翻版。该车舆厢基本呈一太师椅形，两侧和后背有栏壁，前开门设脚阶,背壁稍高,人坐乘其中。结合敦煌壁画描写的情况看,当时的伯玉车在一定场合下与骑从结合成队出行,依然可展现出尊贵、隆重的排场。(见图22)

图22 魏晋马车(伯玉车)
(晋顾恺之《列女传图》图像)

通幰车,据司马金龙墓屏风画表现的图像看,该车形态是独辀,双轮有辐,长方形舆厢,舆顶卷篷状,舆前开门,舆后设有旄状幔布垂地。舆两侧前后左右向上共竖立起帷柱6根,帷柱顶部又从前到后支撑起一块宽阔的可荫盖全车的帷幔。这种通幰形式是该时期独具的,是通幰牛车形式的变通借用。从该车仅设一辀的形态看,估计车子是用二马牵引的。

偏幰车,从敦煌壁画表现的形态看,车子形制与同时期的偏幰牛车基本一样,双辕、双轮有辐,长方形卷篷或舆厢，舆两侧向上立四柱搭筑成一高架，架顶向前连接一块帷幔，帷幔前伸，前缘端再通过从舆前斜伸上来的两根帷柱固定，形成凉棚或偏幰，该车由一马牵引。(见图 23)

图 23　南北朝马车

(敦煌壁画图像)

 **其他畜力车和人力车**

除牛车、马车外，魏晋南北朝时期在一些场合中也见到诸如羊车、骡车和象车的利用。此外，在民间，还使用被称为鹿车或木牛流马类的人力车。

(1) 羊车。除牛、马车利用外，用羊驾车的现象在魏晋南北朝时期亦颇为常见，文献中有较多利用羊车的记载，但形制、特点不详。如据晋书所载：晋武帝时，宫内拥有侍从近万人，而受武帝宠爱者甚多，武帝往往无所适从。于是，在宫廷内只好常常乘坐羊驾小车，随羊四处走动，到羊车停下处便下车宴饮就寝。宫女们为达到引留武帝共宴同寝的目的，便用竹叶插门，用盐汁洒地，使羊至舐地不动。同样的事例，亦见于南宋朝廷。据《南史》载：宋文帝喜好乘羊车经过诸宫房，潘淑妃争宠，令其手下用盐汁水洒地，使文帝乘羊车每次经其宫寝处，羊便舐地不走，文帝也因此感叹，羊都为我徘徊不前，何况人？因此常与潘妃宴寝取乐。由此可见，羊车是当时皇室中宫廷游娱时喜欢乘用的轻便小车之一。不啻于此，据《晋太元起居注》等记载：在一些军事场合中也见到乘用羊车的事例，如司隶校尉刘毅秦、护军羊琇曾乘羊车请免官罪。另外，在民间活动中，也有使用羊车的事例，如据《魏志》所载：卫玠曾在少年时乘坐白羊牵引的车子到洛阳都市，都城惊叹其形象很像璧人（玉人），故围观者很多，卫玠也因此号称"璧人（玉人）"。

（2）骡车。骡车在汉代便有小范围的应用，至魏晋南北朝时期在个别场合中也在使用，如晋《诸公赞》载：蜀汉后主刘禅就曾乘坐骡车拜谒邓艾。骡车的形制因无实物图像资料，故不得而知。

（3）象车。利用驯化的大象驾车，据现知材料，可能始于魏晋南北朝时期。最初应用的地区是古代南越地区。据文献所载，在晋武帝平定吴地和南越地区后，南越国人曾献驯象给朝廷，武帝因此下诏令制作象车。用大象牵引，车上乘坐吹鼓手，在仪仗场合中施用。

(4) 鹿车。即汉代的辇，俗称独轮车，是一种用人力推挽的轻便小车。鹿车之鹿，或认为是辘轳之"辘"的借用，《风俗通》解释为："鹿车窄小，载容一鹿也。或云乐车。乘牛马者到轩饮饲达曙。今乘此虽为劳极，然入传舍，偃卧无忧，故曰乐车；无牛马而能行者，独一人所致耳。"据文献所载，魏晋名士"竹林七贤"之一的刘伶，便常乘鹿车出游。魏晋南北朝时期的鹿车形制，恐怕与汉代常见的独轮人力手推车差不多，或是汉辇的直接翻版。

(5) 木牛流马。《三国演义》中有诸葛亮造木牛流马的描述，并说用其"搬运粮米，甚是便利。牛马皆不水食，可以运转，昼夜不绝"。考诸典籍，知诸葛亮制作木牛流马并用作运输军粮实是确有其事。《三国志·诸葛亮传》说："九年（231年），亮复出祁山，以木牛运，粮尽退军。与魏将张郃交战，射杀郃。十二年春，亮悉大众由斜谷出，以流马运，据武功五丈原，与司马宣王对于渭南。"由此可知，木牛、流马曾是三国时期蜀汉军中广泛应用的运载粮草的重要交通工具。由于木牛流马与诸葛亮的特殊关系，故其形制性质也受到古今学者的特别重视。最早对木牛予以解释的是《诸葛亮集》："木牛者，方腹曲头，一脚四足，头入领中，舌著于腹……特行者数十里，群行者二十里也。曲者为牛头，双者为牛脚，横者为牛领，转者为牛足，覆者为牛背，方者为牛腹，垂者为牛舌，曲者为牛肋，刻者为牛齿，立者为牛角，细者为牛鞅，摄者为牛鞦轴。牛仰双辕，人行六尺，牛行四步。载

五 魏晋南北朝时期交通工具漫话

一岁粮,日行二十里,而人不大劳。"宋代的高承在《事物纪原》一书中则认为:"木牛即今之小车有前辕者,流马即今独推者是,而民间谓之江州车子。"现代学者如范文澜先生等认为木牛是一种人力独轮车,流马是改良的木牛即人力四轮车;也有学者认为木牛流马是一回事。以上对木牛流马的解释尽管存在明显的分歧,但承认木牛流马是一种人力车类型则是无异议的。对木牛流马的形制尺度,限于资料,目前尚无法作出准确的复原。但从其成功地应用于战争运输粮草等现象看,其形体当比自汉代以来流行于民间的鳖,即独轮手推车大,承载能力和机械运转能力也较一般的人力车强。

 水上交通工具

魏晋南北朝时期,从社会发展史角度看,长江中下游地区和两广、福建等南方地区的经济开发,取得了非常突出的成就,社会政治、文化的传统格局也因此发生了重要变化,并逐渐形成了重心南移的趋势。在这一特定的时代背景下,为满足军事和经济活动的需要,水上交通工具的发展又出现了一个新的高潮。与陆路交通工具比,水上交通工具的发展更为迅速,造船业和航运业所取得的成就十分突出。当此之时,长江中下游地区成为造船业和航运业的中心;受其影响及政治、经济、军事上的需要,黄河流域中原地区也先后不同程度地拥有数量可观的水上交通工具。据

文献记载，孙吴在鼎立不久，便拥有船舰五千艘。他经常派出较大规模的船队，北航辽东，东渡夷州（今台湾省），南行南海。在建造的大船中，巨型者上下可分五层，船上可容载三千人。晋将王濬督造的大船连舫，长宽约一百二十步，承载两千人；船上用木建城，城中有楼橹，并开设四个城门，船上可骑马出入。东晋安帝时建康发生的一次风灾，被毁坏的官商船只约达万艘之多。在北方地区的冀、定、相三州，据传在北魏神䴥三年（430年）拥有的船只数量亦达三千艘之多。由此可见，此时期的造船规模、能力及船舰的江河运载和航海能力与水平，均已达到了一个相当的高度。此外，标志着这一时期造船技术进步发展的重要因素，还有风帆装备的普遍应用，日行百余里的"千里船"的发明及船上相风仪的成功应用等。

魏晋南北朝时期的水上交通工具，名称种类繁多，但若按总体结构区分，可分出舟船和皮筏两大类。

（1）舟船。舟船是各种船只的统称，按大小、结构、用途等又有扁舟、鹢舟、楼船、蒙冲、战舰、走舸、游艇、舫、艕、千里船等不同称呼。

扁舟、鹢舟、蒙冲、走舸、游艇、千里船均属于独木舟、舢板或船体较小的船，除蒙冲、走舸外，其他都属于生活、生产用船。走舸在日常生活与生产中也经常利用，但更常用于战争场合中，如在三国孙吴水军的舰船中，作战时常常配备有走舸（见《三国志·吴志·周瑜传》）。蒙冲又写作艨冲、艨艟，是一种专门用于冲击敌人船阵的小型战船，在孙、刘联合与曹军对抗的有名的"赤壁之战"中，孙刘联军便是利用数十艘"实以薪草、膏油灌其中，裹以帷幕，上建牙旗"和装有帆樯的蒙冲斗舰作纵火船，"乘风纵火突入船舰首尾相接"的曹军船队，使曹军惨遭"樯橹灰飞烟灭"的失败。"千里船"据传是南朝科学家祖冲之创制，从其日行百余里的功能看，学者或认为其即是采用连续脚踏转动的轮形桨划水的"车船"。舫、航则是指两船相并一起的小船或大船，小船相并一般应用于渡河，大船连舫，则主要用于战争，如晋将王濬将楼船连舫成一大战舰。

楼船、战舰，在很大程度上是同一性质而按结构、用途不同的异称。楼船是一种体形大的船只，大者可建五层，楼高十几丈，可乘载二三千人之多，南朝梁时陆纳督造的邵陵王舰、河东王舰、桂阳嗣王舰、青龙舰和白虎舰，隋灭南朝陈时杨素督造的五牙大舰等，实际上都属于楼船。魏晋南北朝时期楼船在内河中，大多在军事水战时使用。用于水战时的楼船，又可泛称为大舰。唐代诗人刘禹锡的一曲"王濬楼船下益州，金陵王气黯然收。千寻铁锁沉江底，一片降幡出石头"（《西塞山怀古》）的抒情怀古咏叹调，不能不让人形象地领略到魏晋南北朝时期楼船队在航行和作战时的威武气派和宏伟场面。楼船在航海活动中也发挥出重要作用，公元230年，孙权遣将军卫温、诸葛直，率领万人舰队到达台湾（夷州）；公元233年，孙吴派出万人舰队到达辽东半岛；公元242年，吴将聂支和陆凯带领三万士兵，远航到珠崖（今海南岛）一带，此后又遣使出访南海诸国。这些大型的航海活动，都是利用了大型的有风帆装置和相风仪的楼船来完成的。

（2）皮筏。除舟船外，在一般民间渡河活动中，在个别地区也同时流行有利用皮筏作水上交通工具的习惯，据《北史》载："附国有水阔百余丈，并南流，用皮为舟而济。""用皮为舟而济"即是用皮制作筏子来渡河。

 **骑乘**

魏晋南北朝时期的骑乘，据文献记载和考古资料，主要体现在骑马、骑驴、骑骡、骑牛等利用上，其中骑马、骑驴之风尤为广泛普遍，在陆路交通工具中占有重要的地位，而骑骡、骑牛则属于个别场合的特殊现象。

（1）骑马。到魏晋南北朝时期，骑马在陆路交通上的利用价值十分突出，骑乘马具的装备和骑术水平也更趋完美和成熟。魏晋南北朝时期骑马利用的深度和广度，以马具的逐渐完善、精美、成熟，骑术水平的迅速提高为重要标志，在汉代的基础上又进入一个新的发展阶段。

魏晋南北朝时期的马具，以马鞍、马镫、马铠最为典型。马鞍，又称马鞍具（《说文解字·革部》）。两晋南北朝时期的马鞍，其实用功能和外观比秦汉时期的更为合理、精美，为"两桥垂直鞍"。这种鞍前后起桥，两桥直立，在中国古代马鞍发展史上起到了承前启后作用。马镫，是马具中一个至关重要的部件。

它是在高桥马鞍出现后解决上马骑乘不便而发明的马具。在骑马无鞍具或只装置低矮鞍垫的时代,骑手们上马通常都是一手抓缰绳,一手按着马背或背上鞍垫,侧身迈腿飞跃上马背的;到西晋时由于"两桥垂直鞍"的出现,给骑士们按传统的方法飞跃上马骑乘带来很大的困难,于是一种供骑兵上马时蹬踏之用的马镫便应运而生。1976年甘肃武威南滩出土的一座魏晋墓中的一件铁马镫(已残破),是目前所知时代最早(公元3世纪左右)的马镫实物。长沙出土的西晋永宁二年(302年)时的骑马陶俑,在前侧左鞍桥处亦见系持三角形马镫一只,因垂系马镫的革带很短,人俑的脚在骑乘时没有踩在扣里。由此可知,这是一种仅供上下马背蹬踏之用的原始马镫。在这种原始马镫基础上,真正能同时解决上下马困难和保障骑乘蹬踏安稳的马镫,至迟在东晋时期便已出现,北燕冯素弗墓出土的2件三角形木芯外裹鎏金铜片的马镫即是其代表物。这说明中国古代马镫在魏晋时期便已完成了从原始单马镫向成熟双马镫发生演变的飞跃。马镫的产生和成熟利用,标志着骑乘马具的完备和骑术的进步,因而其在骑马史上具有重要的意义。在军事上,它使骑兵上下马自如,骑乘在马背上也不易坠地,控制战马,骑射,刺、劈杀敌,追敌,擒敌也更加潇洒自如。在非战争场合,则使许多未经正规训练的人也能较为自如地上下马和骑乘驾驭马匹,甚至妇女也能稳骑马上。此外,骑马人的姿态也可自如地变换踞坐或为挺身直立式。马铠,是指保护战马的铠甲,其发展前身是汉代战马披戴的皮"当胸"。三国以后开始出现正式的马铠,南北朝时期则盛行"甲骑具装"。甲是指骑士身穿的铠甲、兜鍪,具装即马铠,它包括护头的"面帘"、护颈的"鸡颈"、护胸的"当胸"、护体的"马身甲",护尻的"搭后"。一般而言,"甲骑具装"中的人与马的装备质地是一致的,即人披皮甲,马亦然;人披铁甲,马具装也用铁制。在实战中,它具有便于冲杀、利于防护的优点,同时也具有不利迂回追逐、笨重不堪的缺点。以上马具的发明创造和发展改良,在客观上对骑马利用起到了非常重要的普及流行作用。

魏晋南北朝时期骑马的普及程度,与汉代相比当有过之无不及。在马匹资源丰富、平原发达的北方地区,大凡军事活动都绝少不了马匹的骑乘利用,在很多的生活甚至宗教活动中,也同样不乏骑马的踪影。在缺马且水资源丰富的南方地区,尽管水上交通工具舟船的利用占据主导地位,但受北方骑马文化的影响,也或多或少在一些场合中闪现出骑马者的风采。

继往开来,魏晋南北朝时期的马匹骑乘利用,首先是与军事活动密切相连,并使军事利用明显呈现压倒其他所有利用的绝对优势。如果说秦汉时期是中国封建社会"马背上的战争"的发源期,那么,魏晋南北朝时期就已开始步入"马背上的战争"的鼎盛成熟期。当此之时,马的骑乘价值和作用在战事纷呈冲突频繁的时代环境中表现得尤为淋漓尽致。以马匹为骑乘工具的武装骑兵,是军队中战斗素质最高、战斗力最强、战斗速度最快的特种兵。由若干训练有素的骑兵组合而成的骑兵部队，是军队组织编制中必不可少且最为重要的组成部分，是常规军中的精锐部队。娴熟的骑术、有效成功的骑射或骑战，已成为战争中运筹帷幄、决胜千里之外的重要战术手段和锐利武器。骑兵部队的规模和精良程度，亦成为衡量国力和军力的重要尺度。文献中有关魏晋南北朝时期马匹骑乘在军事上实施的例子有很多记述，如公元200年官渡之战中的袁绍拥兵10万，其中配备骑兵1万；公元383年淝水之战中的前秦苻坚拥兵90万，其中骑兵占30万；公元445年，北魏太武帝拓跋焘派6万骑兵分三路镇压盖吴等起义军；公元528年，北魏契胡酋长尔朱荣率7000精锐骑兵追袭以葛荣为首的起义军……诸如此类的记述，均说明马匹骑乘在这一时期军事活动中的广泛使用。在魏晋南北朝时期的考古资料中，敦煌西魏壁画得眼林故事描绘的"甲骑具装"与步兵格斗的场面，河北景县出土的北齐甲马骑士陶俑、麦积山壁画的北魏甲马骑士队列、河南邓县北朝画像砖上的披甲战马图、江苏丹阳画像砖上的"甲骑具装"图像、敦煌和吉林辑安壁画所描绘的"甲骑具装"和骑战图，均从不同的角度形象地反映了该时期马匹骑乘在军事活动中广泛利用的情况。（见图24）

　　非军事场合下的骑马利用，虽然较军事利用的比率要低得多，但仍是一种较为习见的陆路交通利用。据文献记载和考古资料揭示，魏晋南北朝时期在非军事场合下对骑马的利用内容丰富多彩，包括狩猎、出行巡游、骑吹、屯垦、驮物、仪仗乐队、佛事活动及

图 24　魏晋骑兵图

神话传说等等。骑乘马匹狩猎动物,是颇为常见的一种生产或游乐活动。嘉峪关壁画、吉林辑安壁画均描绘有这一时期骑士驱马弯弓搭射追射兔、鹿、虎等动物的生动图像。出行巡游,是骑乘马匹代步出行或巡视,在嘉峪关壁画、河南邓县画像砖、敦煌壁画、北齐校书图、河南洛阳画像石等考古材料中,均见到这方面的形象记录。骑吹,是指在骑乘马匹时吹奏,例见于西安草场坡出土的武士吹角俑。屯垦,是指骑马从事屯垦活动,例见于魏晋时期的嘉峪关壁画。驮物,是利用马匹来驮运粮食等货物,例见于河南邓县画像砖。仪仗乐队,是指东师骑乘马匹进行奏乐活动,例见于江苏丹阳画像砖。佛事活动,是指佛教故事中佛徒骑乘马匹从事佛教活动的事例,敦煌壁画中可见到这方面的生动描述。神话传说,是指神话传说中的骑马利用行为,如敦煌壁画九色鹿传说故事中的骑马行为。

(2)骑驴。魏晋南北朝时期,骑驴在民间仍蔚然成风,成为一种民间颇为通行的交通代步手段。据文献记载,东魏静帝元善见在迁都邺城后,曾诏令尚书郎以下的官员都以驴作骑乘代步的工具。南齐的萧憩任太子洗马官职时,经常腰痛,没办法骑马,齐王便允许其骑驴进朝。北朝的公孙轨在任虎牢镇将时,曾利用民间的驴来运输粮食。在魏晋南北朝的考古资料中,河南洛阳、山东济南、陕西咸阳、河北磁县均先后出土有陶驴实物,足证该时期骑驴风气流行之盛。

(3)骑骡。骑骡在魏晋南北朝时期的个别场合仍见沿袭。据《三国典略》所载,阳休之曾乘骡出游,侯奠、陈悦等人曾抛弃马匹于山谷中乘骡出走。

(4)骑牛。骑牛利用亦始见于秦汉,魏晋南北朝时期此风尚存。据南朝《幽明录》载:桓灵宝曾用自己所乘的马与一老人交换青牛,并乘青牛从荆州到零陵。益州刺史吉翰亦曾骑乘青牛而行。《南齐书》则载有齐明帝赏赐自己乘坐过的白牻牛给萧颖的事情。这些记述表明,骑牛利用在此时期作为一种个别现象仍在持续。

 渐入发展坦途的肩舆

舆轿作为一种依靠人力抬扛而行的特殊代步工具,

早在东周、秦汉时期便已初步流行,进入魏晋南北朝时期,其发展速度、规模明显加快和扩大。因舆轿具有"以肩举之而行"的特点,故魏晋南北朝人便习惯称为"肩舆"或"平肩舆"(《资治通鉴》晋怀帝永嘉元年注)。肩舆在魏晋南北朝时期的社会生活中应用范围较广,使用频率很高,上至皇亲国戚、达官贵人,下至一般官吏、平民百姓,都分别流行使用与自己地位身份相称的大小肩舆。如东晋元帝司马睿曾"乘肩舆,具威仪"(《晋书·王导传》),大书法家王献之(王羲之的儿子)曾乘肩舆到一官吏竹园中赏竹(《世说新语·简傲篇》)。东晋人或又称肩舆为坐辇或步舆,据说东晋诸帝及皇子、皇后、妃子等在皇宫花园中游娱时便常常乘用坐辇或步舆。魏晋南北朝时期的肩舆,在形制特点上体现出不同的等级类型,主要以"八扛舆"、"版舆"、"襻舆"、"篮舆"等为代表,其中"八扛舆"是最为豪华、级别最高、形体最大、结构最复杂的肩舆,因为必须八人扛抬而得名,俗称八抬大轿。在晋代画师顾恺之所绘的《女史箴图·班姬辞辇图》中,可见到晋"八扛舆"的形象:舆轿体积较大,可同时乘坐两人;舆上笼罩幰幛帷幔,为夏天使用时避蚊虫、挡日照所用;舆前置轸栏,乘者可倚轸壁而安坐。轿舆不用抬杠,直接在舆前后伸出舆杆,轿夫按前面六人、后面二人排列扛轿而行。像这种高级的肩舆,当时乘坐的对象当限于皇族或王公贵族以及达官们,如南齐长史沈佚之、咨议柳憕使曾奉江夏王宝玄之命,"乘八扛舆,手执绛麾幡,随慧景至京师"。仅次于"八扛舆"的是一种由四人肩抬而行的平肩舆，据山西大同出土的北魏司马金龙墓朱漆彩绘屏风和河南邓县出土的南北朝墓模印彩绘画像砖等描绘，此种平肩舆上均施通幰帷幔，幰上还加饰有华盖（可能即是"襻舆"），为供一般中级官吏乘用的交通工具。版舆即板舆，因舆体是由一块方木板固定在两根杠上而得名。板舆形制简陋、结构简单，一般由两人一前一后扛抬而行，乘坐一人，乘坐者屈膝或盘腿坐在板上，是当时民间通行的肩舆。晋人潘岳在撰写《闲居赋》中提到雨后天晴太夫人乘坐板舆远观王畿、近览家园的事情，此中太夫人所乘的板舆即是一种常见通行的简单板舆。与板舆简陋特点类似的"篮舆"，当是一种更加简陋的特殊代步工具，晋代诗人陶渊明在解印辞掉官职后，在归家隐居的生活中，因有脚病，出入均乘坐篮舆，由其一位门生（弟子）和两个儿子轮流扛抬而行（《晋书·陶潜传》）。篮舆事实上是一种平常盛物用的竹木条编织而成的篮筐，筐上编织提手或系上耳索，由两人以一根木杠或扁担前后抬行，人坐其中。篮舆的使用仅属个别现象。

 司里车和指南车

严格而言，魏晋南北朝时期的司里车，不是乘人载物的交通工具，而是一种与交通有密切关系记录行程的工具。司里即记里，魏晋南北朝的司里车是从汉代的记里鼓车直接发展演变而来的，晋代又称为大章

车。司里车的车体是利用当时的牛车或马车形制，牵引动物用牛或马。司里装置由木人、鼓、钟等组成，其原理是利用车轮带动转数不同的大小齿轮，当车轮滚动完一里路时，车里的某个齿轮才转了一圈，与此齿轮相接的木人便去打鼓，而当车轮行走完5公里路时，另一齿轮又走完一圈，与该齿轮连接的木人则去敲钟，如此反复，便可以计算出行走的准确路程。司里车的原理与现代汽车上的里程表原理一样，是中国古代科技史上的一项重要发明。

指南车传说为周公创制，东汉张衡再创其制，到汉末指南车的制作和应用曾一度失传。东晋末年，宋武帝刘裕在平定长安城时重新获得指南车，其形制如记里鼓车（司里车），车上设木人举手指南，以明方向。南朝人据此在大典出行仪仗中重新尝试使用指南车来辨明方向。由此而知，指南车与司里车一样，均是与交通出行有密切关系指示工具，而不是一般意义上的交通运输工具。

六　隋唐五代时期交通工具漫话

公元581年，北周杨坚废周静帝自立为王，改国号为隋（隋文帝），隋朝由此开始建立。公元589年，隋文帝灭陈统一全国，由此结束了魏晋南北朝时期共300多年的政治混乱局面。公元618年，唐高祖李渊在隋炀帝被杀隋亡的背景下，称帝立国称唐，都长安，使李唐王朝由此正式登上历史舞台。唐朝在政治上继承了全国一统的局面，统治长达近300年，长治久安，为封建社会的经济发展提供了非常重要的政治保障，此时的社会生产力水平亦因此获得空前提高。盛极转衰，衰极至亡，公元907年，盛极一时的李唐王朝正式灭亡，由此开始了一段五代更迭的短暂历史。

从581~960年的隋唐五代时期，政治上统一，文化、经济繁荣发达占据主流，故交通工具的发展也因此相得益彰，呈现出一个稳定发展、逐渐定型、不断创新的局面。

隋唐五代时期交通工具的利用，从总体特点看基本继承了魏晋南北朝时期的传统，如马车利用萎缩，牛车和骑乘术的风行等情况与前期大致相仿。而舆轿的兴盛革新，航海河船的成功创制利用，则是有别于前期而最值称道的。

隋唐五代时期的交通工具主要有牛车、马车、水上交通工具、骑乘和腰舆等等。

 **牛车的继续风行**

魏晋南北朝时期崇尚牛车的风气，至隋唐五代时期势头仍然不减。当此之时，在皇亲国戚、达官显贵乃至一般官吏、黎民百姓的日常生活中，牛车均成为最普遍利用的陆路交通运输工具。帝王将相、文武官员均以乘坐牛车为贵为荣。隋唐五代时期的牛车形制从大的方面看，主要分通幰牛车、偏幰牛车和民用牛车三大类。通幰牛车、偏幰牛车均属于统治阶层乘坐的高等牛车。这些高等牛车通常又依据官位的高低而在制作加工和车体装饰上存在严格的等级差别，如：一品官员乘坐的牛车是有朱里通幰、朱丝络纲、青油纁并用白铜装饰的"犊车"；二品以下官员乘坐的则缺少一品官员的油纁和络纲；四品官员则只能乘坐青偏幰牛车（《新唐书·车服志》）。显然，只有三品以上的官员才有资格和条件乘坐通幰牛车，而四品以下官员则只能乘坐偏幰牛车。在敦煌壁画中的一些属唐代的"农作图"中，绘有卸辕等待拉运粮食的牛车；此外，据五代卫贤的《闸口盘车图卷》所示，还有一

种专门运货用的盘车,即宋元时代的平头车。这类牛车当属这一时期平民百姓最常用的运物载人的陆地交通工具。此时期对乘坐牛车风习的推崇,当与时人追求社会安定、醉心舒适平稳生活的时代心态密切相关。

 **马车的继续沿用**

隋唐五代时期马车的利用,虽然继续走下坡路,但在一些场合中仍然有其用武之地。据文献记载:唐史圭曾官至贝州刺史,罢官后返归故里常山,一般情况下均闭门谢绝见客,稍需出入活动就乘辎軿车(《五代史》),这种辎軿车便是马车的一种;传哥舒翰征战安禄山时,在战场上曾使用了用毯裹马、车身画龙虎饰金银的马车(《唐书》),另外,在隋炀帝发动的3次侵略高丽的战争中,曾在河南和江淮督选兵车5万辆,其中便有马车在内。有关马车的应用,在唐代文学作品,尤其是诗歌中也有较多的表现,李峤的《咏车》说:"天子驭金根,满轮辟四门,五神趋云至,双毂似雷奔,丹凤栖金辖,非熊载宝轩,无阶忝虚左,珠乘奉王言。"这暗示着唐代可能存在或利用过仿古制用五匹马牵引的"金根"马车。"路喜到江尽,江上又通舟。舟车两无阻,何处不得游。丈夫四方志,女子安可留。郎自别日言,无令生远愁。旅雁忽叫月,断猿寒啼秋。此夕梦君梦,君在百城楼。寄泪无因波,寄恨无因辀,愿为驭者手,与郎回马

头。"孟郊的这首《车遥遥》，便是通过马车的铺垫来抒发夫妻别离、妻思夫君之情的。张籍的"征人遥遥出古城，双轮齐动驷马鸣。山川无处不归路，念君尝作万里行。野田人稀秋草绿，日暮放马车中宿。惊麇游兔在我傍，独唱乡歌对僮仆。君家大宅凤城隅，年年道上随行车。愿为玉銮系华轼，终日有声在君侧。门前旧宅久已抛，无由复得君消息"（《车遥遥》），也是一首通过马车穿引，叙述妻子思念出征丈夫的情感的诗篇。诗中提及的马车，显然是一种由四匹马牵引的战车（兵车），表明驷制兵车在唐代尚在沿用。

隋唐五代时期马车的利用在很多场合下被牛车或骑马所取代，其重要的原因之一是与当时统治者的习惯嗜好密切相关。如唐代的皇家贵族，除了出于怀古的心情，在庄重严肃的册命、巡视祖陵和婚姻、丧葬等活动中还保留着使用马车的传统外，在其他重大日常生活和军事活动中都鲜见马车的踪影，上行下效，故马车利用便因此受到了极大的限制。

隋唐五代时期的马车形制，在一些考古资料中尚有迹可寻。如考古发掘出土的安徽六安东三十铺画像砖上见到的隋代马车图形，是一种双辕、双轮（有辐）、舆厢为长方形卷篷状、有通幰帷幔并由一马牵引的"牛车型"马车；甘肃敦煌壁画中展示的唐代马车，则是一种双辕、双轮（有辐）、太师椅式车舆（舆上可乘坐两人）、并由一马牵引的古"轺车"式马车。（见图25和图26）

图 25　隋代马车和战马

（安徽六安东三十铺画像砖图像）

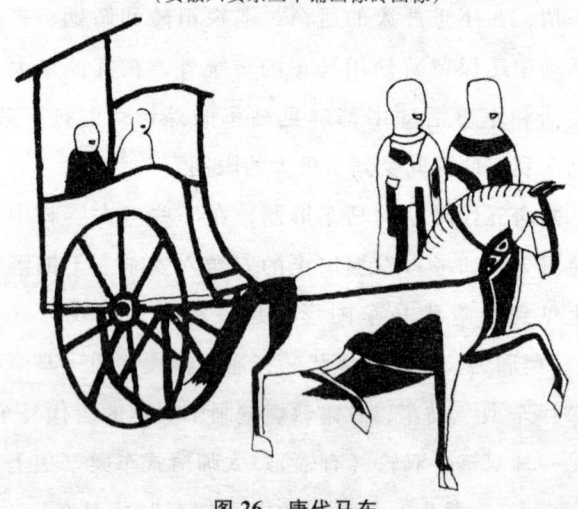

图 26　唐代马车

（敦煌壁画图像）

 **发达的水上交通工具**

隋唐五代时期，由于大运河的成功开凿，沟通了海河、黄河、淮河、长江、钱塘江等五大河流，使内地的航运业获得了空前的发展，内河交通工具舟船也因此在制作技术和利用率上取得很大的成就。不啻于此，在内河舟船制作业和航运业的影响推动下，沿海、近海以及远洋等海路交通工具和航运事业也取得迅速的发展和巨大的成功。

据文献所载：隋炀帝三游江都（今江苏扬州），队伍浩浩荡荡，最多时总人数达一二十万。炀帝乘龙舟，随行的王公贵族、官吏、宫妃、僧尼道士分乘各种豪华大舰簇拥龙舟而行，洋洋数千艘巨舰大船，航行在大运河上，船队从头至尾相连达二百多里长，岸上拉纤壮丁达8万多人，并有大队骑兵夹岸护卫。如此庞大的水路巡游，不仅反映了隋炀帝的奢侈和隋皇室的至高无上的气派，而且还突出地反映和展现了隋朝内河水上交通工具的利用和制作的空前盛况。隋炀帝3次派人航海至流求（今台湾），最后一次航海抵达台湾的人数达一万多人。杨素征讨江南地区，乘海船走浙、闽海路，出其不意地抵达福建泉州征讨乱臣王国庆等事例，说明了隋朝的海船制作和航海能力已达到相当的水平。唐、五代时期，在隋的基础上，内河水路和海路交通事业持续发展，唐朝自淮南、两浙至闽、粤（福建、广东）的海路十分畅通，利用海船走海路进行南北贸易,已引起商贾们的高度重视。此时的巨商大贾,大多拥有适于航海交通的海船作为运输工具。除经商外,甚至当时朝廷派遣使节到南方地区,使节们也都喜欢乘搭海船走海路去领官就职。由于海路交通的逐渐兴旺,商家大贾贸易船只的经常出没,海路成为一条发财致富的重要通道,一些不法之徒也因此打起了海路的算盘,操起了专事拦截商家大船的海盗生计。《唐会要》说:"天下诸津,舟航所聚,旁通巴汉,前指闽越,七泽十薮,三江五湖,挖引河路,兼包淮海。弘舸巨舰,千舳万艘,交贸往来,昧旦永日。"这不仅是对唐代内陆水路与海路交通发达情况的真实写照,同时也可以说是对整个隋唐五代时期水路、海路交通发展、发达情况的写照和概括。与陆路交通工具相比,这一时期的水路交通工具显然占有更为重要的地位,发挥出更为突出的作用。

隋唐五代时期的舟船,大者称为舟或舰,小者称为舸或艇。其形制主要可分方头平底和尖首尖底两大类:前者一般船体较大,既用于内河又用于外渡;后者船体较小,多用于内河短途运载及军事行动,个别或随前者在特殊场合中弥补海船的不足。此时期的舟船因形体大小、船上建筑繁简、装饰优劣、船型以及装饰特点和乘坐对象的不同,又可区别出诸多不同名称的小类,如隋炀帝巡游江都使用的船只种类就有龙舟、翔螭舟、浮景、漾采、朱鸟、苍螭、白虎、玄武、飞羽、青凫、陵波、五楼、道场、玄坛、板艑、黄篾等等。龙舟是皇帝座船,船体巨大,船高45尺,长

200丈，有四层舱：上层设正殿、内殿和东西朝堂；中间两层有120间房厢，都用金、玉装饰，富丽堂皇；下层则是宫内随身侍从所乘之舱。皇后乘坐的船是翔螭舟，形体较龙舟略小，但装饰设施与龙舟无异。余下其他船种，分别是后宫、诸王、公主、百官、僧尼、道士、蕃客乘坐以及运载内外百官所供奉物品的船种。此外，还有被称作平乘、青龙、艨艟、漕浽、八擢、艇舸等战船，这些战船则是用来运载宫廷侍卫和兵器辎重的。隋炀帝游江所动用的各种船型，基本囊括了隋代舟船的所有种类。隋代舟船已广泛应用风帆，但从形制结构看并没出现严格的河船与海船之别，凡大型船只既用于内河航行又用于海上航行，但航海者均有风帆装置。唐至五代的舟船形制，总体上基本继承了隋的传统，并开始出现了专门的航海船型沙船。沙船是中国古代四大航海船型之一，其主要特点是方头平底，这是在古代平底船基础上发展起来的一种船型。据专家考证，沙船"以出崇明沙而得名"（清乾隆《崇明县志》），始造于唐代的崇明岛，其船型特征是平底、方首方尾，尾部出方艄，身长体扁宽，以宽、大、扁浅为特色：其宽大可使船行时横摇角度减小，其方可增强船的抗纵摇的阻力，其扁矮可使船的重心降低。上层舱房少可使受风面积减少，船体不易倾覆，再加上船舷两侧装有披水板、梗水木、太平篮等安全设备，所以其稳定性居诸船型之首，在七级大风下，其他船型的船均要进港避风，唯有沙船仍可搏击狂风巨浪、航行无阻；其平底、吃水浅，也使船不宜搁浅，十分适宜在近海浅滩上行驶。吃水浅同时也弥补了方头增加阻力的缺陷，故沙船的航速较快，驾驶起来轻便灵活。宽大亦可多置桅帆，充分利用风力，使适航性极强，不仅可顺风顺水航行，更可以顶风逆水而航。此外，还值得一提的是从唐、五代开始，舟船的形制结构出现了先进的水密舱设置。所谓水密舱，是将船舱用隔舱板隔成数间，并予以密封。考古发掘出土的江苏扬州唐代船只，其船体是用木板隔成了5个大舱和若干个小舱，在江苏如皋发现的唐代木船则分隔有9个舱。这些木船的制作，其船舱和船底均用铁钉钉牢，间隙则用石灰、桐油充填，水密舱的设置具有提高船航抗沉能力、增加航行安全保险系数、增强船体抗压能力和便于货物装卸、保管等优点，是中国古代对世界造船技术的一大贡献。实践证明，唐、五代时期的中国海船的制作和航行技术，已步入世界前列。中国海船在进行频繁的海上贸易活动中，偶尔碰上触礁的意外事故，凭借着水密舱的设置，往往都能坚持航行，直到安全抵港；而外国商船在同样触礁的事故中，因没有水密舱设置，大多遭受葬身海底的结局。水密舱的设置，在国外直到18世纪末才开始出现在航海船只中。另外，唐、五代时期已出现具备航海作战能力的战船，如唐太宗时期在征伐高丽的军事活动中，就曾大量动用战船运兵运粮草，从山东莱州发兵驾船泛海直取平壤。唐、五代的战船形制，大约均以大型的楼船为主，但也有小型的轮船和牛皮船。轮船即车船，其原理是采用连续转动的轮形桨，用人力以脚踏使轮桨击水。脚踏轮桨的转动频率要高于手划，故船行驶较手摇桨要快。用轮桨划水故称轮船。用轮桨划动类似陆地上马车或牛车轮子转动，故又称为车船。轮船的始创，如前已述，可能源于晋祖冲之的"千里船"，其后此法未见传承记录。到唐代，李皋成功地造出用两只轮形桨作划水动力的船只，故一般认为李皋是轮船的始创者，《旧唐书·李皋传》说："常运心巧思，为战船，挟二轮踏之，疾若挂帆席。"由此可知，李皋所造的轮船属战船的一种。牛皮船，据《通鉴》所载：周世宗显德三年，太祖皇帝曾乘牛皮船进入寿春城壕中，遭城上箭射，皇帝在卫将的掩护下安然无恙，船亦无破损。显然这种用牛皮缝制或包饰的船也属于战船之一种，在五代时期的水战中曾发挥过特别的作用。

隋唐五代时期的舟船应用情况在文学作品中也有着较强烈的反映，如唐代李峤的"征棹三江暮，连樯万里回。相乌风际转，画鹢浪前开"的诗句，就生动地展现了一幕舟舰千艘、千帆竞发、横断河海的壮观场面。同样，唐代大诗人白居易的"小舫一艘新造了，轻装梁柱庳安篷。深坊静岸游应遍，浅水低桥去尽通。黄柳影笼随棹月，白蘋香起打头风。慢牵欲傍樱桃沟，借问谁家花最红"的诗句，则从另一角度显示了民间小舟应用的闲情逸趣。

最后，隋唐五代时期的水上交通工具还被成功地应用到邮驿事业中。陆路上的邮驿，是一种源自古代的通信手段。隋唐五代的陆路邮驿，主要通过乘马或驴等来实现；至于水路邮驿，据现有资料所知，大致始于唐代，五代相沿。唐代的水驿站，据文献所载设有 260 所，还有 86 所水驿站是与陆驿站连接组成的。水驿站的建立，开辟了邮驿的新渠道。由于南方水乡的开发，以舟船为交通传递工具的邮驿便应运而生。唐代的水驿站，通常配备有 2~4 只驿船，驿船的成功开发利用，当是唐代人的一大发明。它对唐代社会经济发展所具有的重要价值和意义丝毫不逊于其他如军事、货运、客运等用途的开发。

 别具情趣的骑乘

隋唐五代时期的骑乘利用十分发达，骑乘的主要内容有骑马、骑驴、骑骡、骑牛和骑骆驼。骑乘应用不仅广见于军事战争中，同时又泛见于政治、生产和生活活动中。骑乘利用尤以骑马最具规模，以骑驴、骑骡、骑骆驼最富特色。

（1）骑马。由于马车利用的衰落和萎缩，马车在很大程度上已归入礼仪仪仗物之列，故隋唐五代时期的马匹利用在绝大多数场合中都转移到了骑乘上。此时期的骑马、用马，至迟在唐朝开始形成一定的等级配给或拥有制度，如据《新唐书·百官志》介绍：朝廷官员的马匹配给是一品官员八匹，二品官员六匹，三品官员五匹，四、五品官员四匹，六品官员三匹，七品以下官员二匹。在邮驿利用中，因驿传的对象等级差别也出现骑马驿使数量的不同，即给一品官员驿传用十马（驿使十名），给二品官员传递用九马，三品

用八马，四、五品用四马，六、七品用二马，八、九品用一马。至于马匹的骑乘利用，则主要体现在陆地军事战争、陆路邮驿、狩猎游牧、游娱玩乐等方面。

陆地军事战争中的骑马利用，是隋唐五代时期最具规模的骑马利用，此一时期的陆地战争，与前一时期相类似，也是名副其实的"马背上的战争"。隋、唐的建立、巩固、崩溃，五代的更替，其中所爆发的大小战争，都充分体现了骑兵的价值和意义。在陆地战争中，无论是主政朝廷与周边民族的对峙，抑或是朝廷与农民起义军的抗争，骑兵之战已成惯例，并成为出奇制胜、决战千里的重要手段。当此之时，武德显赫的君主、朝廷武将、少数民族骁将、起义军将领等，大都与坐骑战马结下不解之缘。1971年陕西乾县出土的懿德太子墓中铠甲骑士唐三彩俑，便形象地展示了唐代穿戴盔甲骑马驰骋沙场的武士的英姿。杰出的古代君王唐太宗在建立唐王朝的过程中，曾先后以什伐赤、白蹄乌、特勒骠、拳毛䯄、青骓、飒露紫六匹骏马为惯常坐骑，为表彰它们的赫赫战功，太宗还令匠人浮雕了它们的形象。唐太宗死后，这六骏马的浮雕像被镶嵌在太宗陵寝昭陵的享堂两廊，后人称其为昭陵六骏。昭陵六骏的故事典型而深刻地揭示了唐代马匹利用在陆地军事战争中的重要作用以及发达情形。

陆路邮驿的骑马利用，在隋唐五代时期亦十分发达，尤其是从唐代开始，乘马邮驿已形成一定的制度。唐代全国设有陆路驿站1297所，驿站配有驿马，每站配8~75匹不等，驿站等级愈高配马愈多。除驿马外，还有传马，传马的奔跑速度较驿马慢。驿马一般仅供驿使使用。唐代法律对驿使用马和执行邮驿公务有严格的规定：驿使使用驿马必须取得有限期的凭证，在限期范围乘用驿马执行公务，若持过期凭证或没有骑用凭证而擅用驿马者，将判徒刑一年；乘用驿马执行公务因故耽误尤其是耽误紧急军情，驿使误投或乘驿马数量超越等级等等，轻则杖罚，重则判一年以上徒刑乃至绞刑（死刑）。由此可知，唐代的邮驿制度已发展得非常完善、成熟。而且，凡驿站使用的马匹，大多是经严格挑选的奔跑速度快、耐力好的良种马。骑乘驿马的人，也必须具备良好的素质和高超的骑术。驿骑的成熟发展，进一步扩大了骑马利用的途径，反过来又进一步促进骑马术的提高和完善。隋唐五代时期的邮驿骑马利用，在客观上为当时社会的军事、政治、经济和文化信息的沟通起了非常重要的促进作用，是一种很有价值、很有实效的骑乘利用。

狩猎游牧的骑马利用，在隋唐五代时期其应用的范围、规模相对较小。狩猎游牧大致可分两类，一类属游娱玩乐性质，另一类属生产经济、生活习惯性质。游娱玩乐性质的骑马狩猎活动，主要发生在政治、军事、经济中的权贵阶层中，是权贵人士的一种特殊的、刺激的玩乐消遣，1971 年陕西乾县出土的懿德太子墓中唐代绞釉骑马狩猎俑，1972 年新疆吐鲁番出土的唐代蜡缬绢骑马猎狮纹，现藏日本奈良法隆寺的唐织锦骑马猎狮纹、新疆吐鲁番阿斯塔那出土的唐代蜡缬纱骑马狩猎纹以及唐代铜镜上所见的骑马狩猎纹等等，均从不同的角度展现了唐代狩猎骑士的风姿和骑马狩猎的情况。生产经济、生活习惯性质的骑马狩猎行为，主要发生在一些周边地区少数民族，如隋唐五代时期活跃在西北地区的奚、吐浑、鞑靼、党项、吐蕃、回鹘、于阗、室韦、突厥、沙陀等部族，均是善骑马或以牧马狩猎为重要经济活动的部族或民族。由于西北地区有着产马、牧马的优越环境，故唐朝廷也曾在辖属的凉州地区置八监牧马30万匹，以备军事骑乘之用。隋唐五代时期的狩猎放牧骑马利用，虽有一定的地域、民族或身份的限制，但其持续不断发展的状况，对该时期骑马利用的总体发达盛势，起了非常积极的作用。

游娱玩乐的骑马利用，主要施行于春游和体育活动中。据赵佶摹张萱的《虢国夫人游春图》所知，唐代贵族妇女有骑马春游的习惯。虢国夫人是杨贵妃的姐姐，图中表现了杨贵妃三个姐姐在侍从的陪同下骑马外出郊游赏春的情景。另据考古资料，1954、1962年河南洛阳先后出土了唐三彩单髻和双髻骑马女侍俑，1972年新疆吐鲁番出土了戴纱骑马女俑，这些出土现象表明，在唐代日常游娱活动中，妇女骑马出行已逐渐蔚然成风，骑马再也不仅仅是男人的专利了。除妇女骑马出游颇具特色外，唐代的骑马打马球活动也十分有意思，这显然是一项将骑马与体育文娱成功结合的活动。陕西乾县唐章怀太子墓内壁画描绘的多人骑马执竿追逐拍打地上小球的场面，生动地再现了唐代骑马打马球的精彩瞬间和乐趣，典型地反映了隋唐五代时期在文娱体育活动中骑马利用的一般情况。此外,在一般生活场合中骑马利用也时有发生,但由于当时马匹尚属贵重家畜,一般人拥有不起,故骑乘者大多属权贵人士。隋唐五代时期的游娱玩乐中的骑马利用,无疑丰富了该时期骑马利用的形式和内容。(见图27)

图27 唐代骑马

(敦煌壁画图像)

隋唐五代时期骑马利用的昌盛发达,显然是建立在御马技术和鞍、鞯具不断进步成熟的基础之上的。该时期的鞍具,已发展成为前鞍桥高而直立、后鞍桥矮而向后倾斜的"后桥倾斜鞍",进一步方便了骑乘者上下马背。鞍下的马镫形制也演变得更为实用有效,其柄缩短,镫体已呈圆弧形,镫踏脚处沿变宽平微微弧曲,更便利于乘骑者蹬踩。总之,鞍、鞯御马的方法和配件在此时期发展得较为完善成熟,并步入定形定制阶段,使其后时代的鞍、鞯法循此基本不变。

(2)骑驴。骑驴是骑马的一种延伸或补充。由于马匹的高贵,一般人乘用不起,相形之下,驴较平贱,且脾性较马温顺,体态较马矮小,十分便于骑行,故在骑马受限制的情况下,骑驴便迅速拥有大众性、普遍性,成为隋唐五代时期十分盛行的交通形式。

隋唐五代时期的骑驴应用范围较广,大凡生产运输、经济贸易、生活出行、游戏娱乐、军事活动乃至邮驿等等场合,都有驴的参与,如:隋炀帝征辽,马不足而补充驴,并驱驴冲锋陷阵和驮物载粮(《隋书·食货志》);隋杨素为子玄纵娶媳妇,亲家崔儦骑驴送女出嫁(《隋书·文学崔儦传》);唐韦绶变服乘驴赴奉天,王师范、刘郭素服跨驴奔丧,冯定乘驴诣军门(《旧唐书·韦绶传、王师范传、刘郭传、冯宿传》);唐宪宗女岐阳庄淑公主下嫁澧州刺史杜悰时,随行的婢女便是骑驴的(《新唐书·诸公主传》)。此外,还有用驴进行邮驿(驿驴)和女子骑驴击球的例子等等。结合唐代一些文学作品,如"骅骝拳跼不能食,蹇驴得志鸣春风"(李白诗)、"骑驴三十载,旅食京华春"(杜甫诗)等等描述以及考古出土的多例唐代三彩、蓝彩陶驴现象综合分析可知,驴显然已成为该时期非常重要(尤其是民间)的交通工具。隋唐五代时期骑驴利用的迅速发展,大大弥补了在日常生活中骑马利用的局限和不足,同时又极富特色地充实了该时期骑乘的内容和形式,并为后代骑驴的发展利用奠定了重要的基础。

(3)骑骡。《隋书·五行志》说:"仁寿二年,西河有胡人,乘骡在道。"《旧唐书·吴少诚传》说:"吴少诚据蔡州,地既少马而广畜骡,乘之教战,谓之骡子军,尤称勇悍。"《旧唐书·刘沔传》说:"元和末,光颜讨吴元济(少诚),常用沔为前锋,蔡将有董重质者,守洄曲,其部下乘骡即战,号骡子军,最为劲悍。官军常警备之。沔骁锐善骑射,每与骡军接战,必冒刃陷坚,俘馘而还。"以上几则有关骑骡和骡子军的记述,在一定程度上反映了隋唐五代时期骑骡利用的一般情况。隋唐五代时期的骑骡利用,比起骑马、骑驴利用要逊色得多,但其在特定场合中的特别利用,不仅起到了特殊的作用,而且亦以独特的形式和内容丰富了该时期的骑乘内涵。

(4)骑骆驼。骑乘骆驼代步或利用骆驼驮载货物,在隋唐五代时期亦颇为流行。

《旧唐书·安禄山传》说:"自禄山陷两京,常以骆驼运两京御府珍宝于范阳,不知纪极。"《新五代史·王章传》说:"魏州南乐人,为州孔目官。张令召逐节度使刘延皓,章事令昭,令昭败,章妇翁白文珂与副招讨李周善,乃以章托周,周匿章褚中,以橐驼负之洛阳,藏周第。"

据考古资料,1954年山西长治出土王琛墓中唐三彩胡人骑驼俑;1957年陕西西安鲜于出土庭诲墓中唐三彩骆驼载乐俑,其中一件上乘乐手三人(二坐一立); 1959年，陕西西安中堡村出土一件唐三彩骑驼奏乐俑，驼背上共乘坐乐手7人；1965年，河南洛阳关林出土唐三彩骑驼俑；1976年辽宁朝阳鲁善都墓出土唐永隆二年（681年）彩绘骑驼俑……

以上文献记载安禄山用骆驼运御府珍宝和王章骑骆驼逃难，以及考古发现的多例唐三彩骑驼俑等现象说明，骆驼的骑乘与负载运物利用，在隋唐五代时期，已获得前所未有的迅速发展，其应用地域已十分广大，即从原来的西北地区迅速扩大到中原乃至东北地区，并逐渐成为一种较常见的、独特而实用的重要交通手段。

（5）骑牛。隋唐五代时期的骑牛利用也是对骑马利用的补充和替代，但其施用的频率与骑驴相比要少得多，从交通意义上说，它仅属于一种暂时性的个别行为。《旧唐书·李密传》说：李密曾乘一黄牛寻包恺，寻找中李将《汉书》一帙挂在牛角上，一手牵牛鞅绳，另一手翻卷书读之。这一故事说明唐代是存在骑牛利用行为的。

（6）骑驭大象。隋唐五代文献中有关骑驭大象的记述几乎见不到，但从考古发现看，骑驭大象的利用在局部地区仍较为流行，而且骑驭技术已发展得较为成熟。如新疆吐鲁番阿斯塔那出土的隋代织锦，其上除编织出生动的牛、狮图像外，还编织有栩栩如生的多组人骑大象图纹，图纹中的大象背还覆盖着绣有花纹的华丽坐垫，给人一种乘坐讲究、舒适的感觉。

 兴盛发达的腰舆

腰舆的成功利用和兴盛发达,在隋唐五代时期的陆路交通工具发展史上占有十分明显而重要的地位。

腰舆即舆轿、肩舆,因隋唐五代时期对舆轿的利用已一改前些时期肩抬方法,流行以襻带系挂杠端,挂于肩上,双手下垂提杠而行,舆轿抬起仅齐腰高的方法,故用腰舆之名概括此一时期的舆轿似更为准确一些。隋唐五代的腰舆,据文献典籍的介绍,其应用频率十分高,应用范围也很广,由此亦产生多种不同的称号和因地位身份差别而有所区别的种类形式。概括而言,大致有步辇、软舆、软舁、肩舆、要(腰)舆、步舆、锦辇、平肩舆、檐子、兜笼、板舆、肩篮、篮舆、竹舆等等名称。

步辇、软舁、软舆。《隋书·礼仪志》记载,"今辇制象轺车而不施轮,用人荷之";"今舆制如辇,但小耳"。《旧唐书·李训传》说:"甘露之变,文宗乘软舁出紫宸门,升含元殿。"《通鉴》则记作文宗乘软舆,注说:"软舆,盖以裀褥积而为之,下施枫,令人举之。"《通鉴》又说:"后唐明宗长兴四年,以卢文纪、吕琦为蜀王册礼使,至成都,孟知祥服衮冕,备仪卫诣驿降阶北面受册,升玉辂,至府门,乘步辇以归。"以上记述表明,隋唐五代时期的步辇亦可称为软舁、软舆,其乘坐者的地位身份一般都较高。据唐代画师阎立本的《步辇图》描绘,贞观十四年(640年)

唐太宗便曾在长安城中乘坐着步辇接见吐蕃赞普求婚文成公主的使者丞相禄东赞，从中我们亦可看到唐代皇室步辇形态的真实面目。

肩舆、要舆、步舆、锦辇、平肩舆，这些亦是属基本同档次的舆轿的不同称呼。《旧唐书·王方庆传》说："则天尝幸万安山玉泉寺，以山径危悬，欲御要舆而上，方庆谏止。"《通鉴》说："玄宗开元三年九月，以马怀素为左散骑常侍，使与右散骑常侍褚无量更日侍读，每至阁门，令乘肩舆以进。或在别馆，道远，听于宫中乘马，亲送迎之，待以师傅之礼，以无量羸老，特为之造要舆，在内殿，令内侍舁之。"注说："要舆，令人举之，适与要平。"据此而知，腰舆之名大约从武则天时已出现，玄宗时的腰舆当是一种抬举高度刚好齐腰的舆轿，这或许与当时的肩舆在抬举高度上稍有区别。隋唐五代时期高级官员乘坐肩舆的例子很多，而且乘坐肩舆往往又成为一种特殊的礼遇：如房玄龄暮年多病，唐太宗特许其乘肩舆出入宫廷大殿；李纲因腿有毛病，被赐步舆供其出入；韦思谦因病早朝告假，皇帝不允，诏令其在子孙的陪同照顾下乘肩舆早朝听命；唐代宗特许苗晋卿乘肩舆至中书院主事；崔佑甫有病，乘肩舆至中书院卧而接旨；李叔明脚有病，被赐锦辇，令手下人肩抬至京师入朝；张果至东都，肩舆入宫；王建立天福五年乘肩舆入觐晋高祖；天福七年高祖赐宰臣李崧白藤肩舆；周太祖广顺二年赐宰臣李谷白藤肩舆。在以上乘肩舆的诸例中，乘坐者均属贵族高官阶层，说明此时期肩舆利用已存在较严格的等级界限,而地位稍低的人是不允许乘坐此类肩舆的,如《新五代史·王建立传》说:王建立之子王守恩以使相自处,乘肩舆出迎周太祖的枢密使将白文珂,因有越级乘坐肩舆之嫌而遭周太祖白眼。另外,据《旧唐书·李洧传》载:李洧曾乘平肩舆招摇过市,这种平肩舆实际上与前述的肩舆是同类物。

檐子、兜笼、板舆、肩篮、篮舆、竹舆等等,是一些主要为妇女乘用的舆轿类型。《旧唐书·舆服志》说:"奚车,契丹塞外用之,开元天宝中,渐至京城。兜笼,巴蜀妇人所用,乾元以来,番将多著勋于朝,兜笼易于担负。京城奚车、兜笼代于车鞏矣。"据此而知,兜笼是唐代四川地区民间妇女喜欢乘用的代步工具。《旧唐书·文苑·元德秀传》:"事母以孝闻,开元中,从乡赋岁游京师,不忍离亲,每行则自负板舆,与母诣长安。"据此,知板舆是一种甚为简陋的代步工具。《新唐书·裴玢传》:"为山南西道,以疾辞位,入朝,不事驺仗,妻乘竹舆。"《旧唐书·牛僧孺传》:"子蔚,黄巢攻京师,方病,子徽与其子自扶篮舆,投窜山南。"《旧唐书·郗士美传》:"先备肩篮,即日遣之。"肩篮,《通鉴》写作"篮舆",注说:"篮舆,即今之轿也。"上述竹舆、篮舆、肩篮,均属一物而异称,当是一种小型的简便舆轿。《册府元龟》说:"唐文宗时,妇人本来乘车,近来率用檐子,事已成俗。"檐子,当是比舆轿更为讲究的较高级的代步工具,其讲究者可能包含前述的高级官员乘坐肩舆类型在内,檐子当是对中上流妇女乘用的舆轿的专称。唐代对妇女乘用檐子有一定的等级界限,一般仅限于朝廷命官的妻子和母亲乘用,并严格规定:一、二品及中书门下三品官的妻、母,檐子用金、铜来装饰,轿夫八人;三品官轿夫为六人;四、五品官,檐子以白铜为饰,轿夫四人;六品以下檐子施漆画纹,轿夫四人。

隋唐五代时期腰舆的流行,对中国古代轿子的发展成熟具有重要的影响,并极大地提高了舆轿在交通利用中的地位和意义。

 **信鸽**

信鸽是利用家养的鸽子进行通信联络。用鸽通信,始于唐代来中国贸易的外商。据唐李肇的《国史补》载:"南海舶,外国船也……舶发之后,海路必养白鸽为信。舶没,则鸽虽数千里,亦能归也。"唐末段成式的《酉阳杂俎》也有类似的记述:"大理丞郑复礼言,波斯舶上多养鸽,鸽能飞行数千里,辄放一只至家,以为平安信。"通过与外商的经常接触,受其影响,中国人也学会了用信鸽通信的方法,如据王仁裕的《开元天宝遗事》记载:唐人张九龄便曾成功地养鸽进行通信。信鸽利用虽然有一定的局限性,但不失为当时一种远距离,尤其是航海中极佳的简单交通通信手段,并以其独特的形式开辟了交通工具利用上的新概念、新手段和新方法。

7 鹘鸟

鹘，古人释其是能俯击鸠鸽而食的鸷鸟；或说鹘即隼，实是与鹰相类似的凶猛飞鸟。唐代的皇宫朝廷曾设置有五坊官署，五坊的职责是为皇帝饲养猎鹰、猎犬，鹰、犬，包括雕、鹘、鹞、鹰、狗五类，每一类为一坊，故称五坊（见韩愈《昌黎集·外集·顺宗实录》）。鹘坊是唐宫廷专事饲养猎鹘的场所。唐代帝王饲养猎鹘主要是供游娱玩赏之用，但据《朝野佥载》记述：唐太宗在玩鹘的过程中，曾独出心裁，突发奇想，利用养鹘为其千里送书信给魏王，从唐都长安到洛阳，据说飞鹘能一日往返数次。显然，唐太宗的信鹘利用取得了极大的成功。但由于当时是出于一种玩乐的动机，故未受到应有的重视和进一步的开发利用，仅成为中国古代交通、通信工具利用史上昙花一现的现象。

七　宋元时期交通工具漫话

公元960年，五代中的后周殿前都点检归德节度使赵匡胤拥兵陈桥，策动兵变，黄袍加身，废后周恭帝，取代后周而拥有天下，立国号为宋，史称宋太祖。宋王朝自此开始步入中国古代的历史舞台。宋太祖至宋钦宗历九世，宋王朝以河南开封（汴京）为都，史称北宋。由于女真族金人的威迫，宋朝的武功不振，从宋高宗开始，国都移居长江以南，偏安南隅的局面直至昺帝亡宋结束，此一时期史称南宋。1279年，蒙古族元军攻陷厓山，南宋昺帝以身殉国，宋王朝自此退出历史舞台。

1280年，蒙古的第五个可汗忽必烈在蒙古贵族首领帖（铁）木真成吉思汗创建的蒙古国宏伟基业的基础上，金戈铁马，南征北战，灭金亡宋，终于建立了以中原和漠南为中心、建都燕京（元大都）、统一中国的元王朝。元朝的建立，结束了中国以五代开始的历经三个多世纪的分裂状态，成为中国历史上第一个由北方游牧民族统治者统治全中国的封建王朝。元王朝历时不长，从元世祖至元顺帝仅经八世88年。1367

年，元王朝在农民起义部队红巾军的猛烈冲击下奄奄一息。1368 年，朱元璋在应天府称帝建国号为明，元帝妥懽贴睦尔逃出大都，明将徐达攻占大都，元王朝至此宣告灭亡。

自公元 960 年至 1367 年的宋元时代，从宏观而言，中国社会又进入一个相对稳定发展的时代。但这种相对稳定，与以往的汉文化大一统不同，它是一种传统汉民族文化与北方游牧民族文化对峙、渗透、融合的一统。故这一时期交通工具的发展趋势，既体现了汉民族传统的继续和改进，又体现了游牧民族风格的介入和渗透。

宋元时期交通工具的利用，在社会稳定、科学技术发达和商业繁荣等重要因素的刺激下，水上交通工具，尤其是舟船的制造与利用取得非常突出的成就。陆路交通工具除骑马、轿子的发展较为迅速外，其余均处在平缓稳定发展的状态。

宋元时期的交通工具种类主要有牛车、骡车、驴车、独轮车、舟船、橐筏、骑马、骑驴、骑用骆驼、轿子、担子等等。

 ## 牛车、骡车和驴车利用

宋元时期马车的作用和地位已丧失殆尽，当时，行近走远，乘人载物，驾车均以牛为主，间用骡、驴。而用牛、骡、驴牵引的车子形制又仅见通幰牛车、般载车（包括太平车、平头车、宅眷坐车子）两大类。

通幰牛车。这是一种自魏晋南北朝以来盛行的车子形式，经隋唐五代至宋元时期，已从原来的装饰简朴型发展成豪华奢侈型。甘肃敦煌莫高窟第61窟壁画"火宅喻"中所表现的宋代通幰牛车即属于豪华奢侈型。其形制特点是：长方形车舆，舆上建封闭状的棚篷；车门后开，舆后垂遮帷帘；舆周围开设棂格窗，舆顶呈拱形，前后伸出长檐并向上翘；舆顶四角各立一柱，四柱上支撑起一顶覆盖车舆的大帷幔。帷幔绣以梅花图案，四周边垂缀丝穗，极其绚丽华贵。车舆前伸出两根直辕，舆下为两个高大的有辐车轮，车子由一头牛牵引。驭者执靮扶辕徐徐而行，乘者坐卧舒适的舆厢之中。图中表现的通幰牛车形式，应是宋元时期乘人用车的主要形式；图中表现的徐徐而行、休闲自得的行车情景，也代表和反映了宋元时期通幰牛车在实际应用中的一般情况。［见图28—（1）］

般载车，泛指当时用于运输货物的畜力牵引、人力辅助的车子，包括太平车、平头车和宅眷坐车子等。《东京梦华录》说："般载车，大者曰太平，上有箱无盖，箱如构栏而平，权壁前出二木，长二三尺许，驾车人在中间，两手扶捉鞭缕驾之，前列骡或驴二十余，前后作两行，或牛五七头拽之；车两轮与箱齐，后有两斜木脚拖。夜，中间悬一铃，行即有声，使远来者车相避……可载数十石，官中车惟用驴差小耳。其次有平头车，亦如太平车而小，两轮前出长木作辕，木梢横一木，以独牛在辕内项负横木，人在一边，以手牵牛鼻绳驾之……酒正店多以此载酒梢桶矣……又有

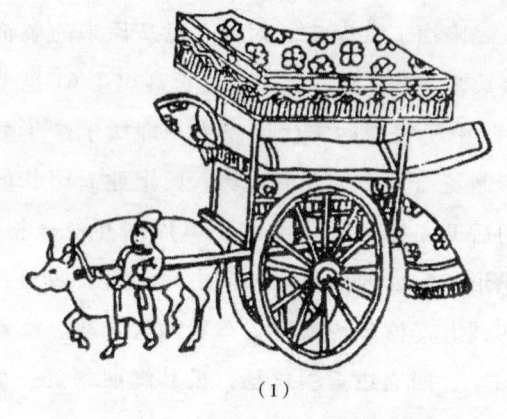

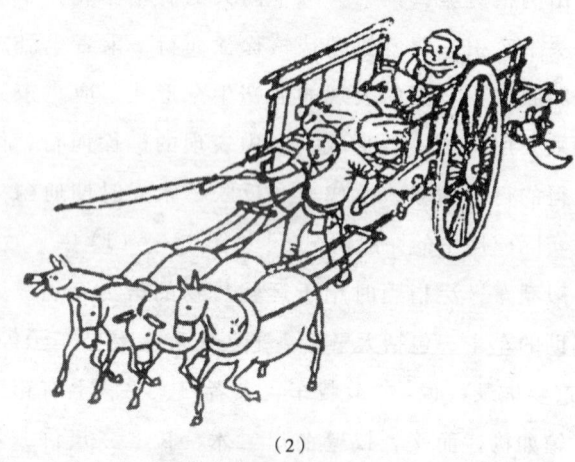

(1)宋代通幰牛车（敦煌壁画图像）
(2)宋代太平车（《清明上河图》图像）

图 28　宋代牛、骡车

宅眷坐车子，与平头车大抵相似，但棕作盖，以及前后有构栏门，垂帘。"据此记述可知，太平车、平头车、宅眷坐车子的形制结构大同小异。结合其他文献记述，知太平车属于一种最大型的陆路运货车，或又称为大车，其运载量最大型者可承载四五千斤。在北宋张择端的《清明上河图》中，描绘有几辆用四匹或两匹健骡牵引的大车即太平车，其形制与文献记述完全一致，不同的是拉车的牲畜数量没有二十余头那么多。据图示可知，宋元时期的这种运货大车太平车的驾驭方式与以往时期畜力货车有很大的不同：驾驭是由人驾辕持鞭，驱赶牲畜拉车而行，牲畜的系驾缰绳一端缚绑在畜颈的轭套上，另一端捆扎在车轴上。由于采取了这种人驾畜拉的方式，故太平车的行驶速度很慢，但却可以负载较多货物，避免因车速过快、路途颠簸而将货物颠坏或甩落车下。太平车是最适合于用作加重运载量短程作业的大货车。太平车的主要形制特点是：双短直辕，车舆宽敞呈长方形，只有左右两栏帮，前后无栏，双轮有辐，无篷盖，类似现代民间仍在沿用的双轮手推车［见图28—（2）］。平头车在形体上较太平车小，始见于五代时期。《清明上河图》、宋朱锐的《溪山行旅图》、《盘车图》等画卷中均有平头车的形象，它们均是由一牛驾辕，驾牛前还有三头至四头套缰拉车的牛；车身整体较高，轮径较大且基本与车厢齐平；车厢上有隔板分成两厢，车厢上部并加盖有拱形卷篷。平头车是宋元时期专门用于长途运输的中型货车，在组织运输时，一般都是由几辆以上组成车队。《东京梦华录》描绘的"纳粟秆草，牛车阗塞道路，牛尾相衔，数千万辆不绝"的情形，充分显示了平头车在宋元时期陆路交通运输中的重要作用，并再现了运输车队在运输过程中最壮观、最具规模的场面。宅眷坐车据前述介绍可知,是一种舆厢有盖,舆周围有栏帮,舆中并有垂帘的双轮双辕牛车,系驾方法与平头车大体相同。其确切形制因目前尚缺乏形象资料而无法详述,估计可能是一种民间习用的既可载货又可载人的畜力牵引车。

以上的般载车种类,除了用牛牵引外,亦常常用骡或驴牵引。用骡、驴牵引时便成为骡、驴车,《清明上河图》中所描绘的太平车、平头车,便是以骡车或驴车的面目出现的。此外,宋元时期的牛车、骡车、驴车除应用于日常生活出行和货运外,在一些场合中它们亦在邮驿事业上发挥作用。

独轮车

独轮车是从商代以来便已使用的人力车中之一种——輂,宋元时期这种独轮人力手推车仍在民间短途运输中发挥作用,时人或称其为串车。在张择端的《清明上河图》中可见到串车的使用,其形制与以前的独轮车基本一致。

水上交通工具

宋元时期的水上交通工具主要有舟船和囊筏两大类,舟船的制作和应用盛况空前,而囊筏的利用则仅属局部行为。

(1) 江河湖海舟船。宋元时期是中国造船技术水平突飞猛进、成就显著的高峰时期。为适应当时政治、军事、经济的发展，满足河、海各种运输的需要，宋元朝廷分别在现在的开封、杭州、宁波、温州、苏州、扬州、泉州、广州等靠湖傍河、依江临海的城市中开设官办造船场（当时称船务或船坊）。此外，各地（尤其是南方水乡地区）还有难以确切统计的小型船坊。这些船坊的设置，使当时的造船工业形成了一个分布地域广泛、总体规模宏大的生产体系，并以此释放出令人惊叹的造船能量。据宋、元史籍所载：宋太宗至道年间（995～997年），宋朝廷辖属的各州船坊曾制造大小货运船只3237艘；南宋初年，仅江淮四路地区每年造出的船只就达2700余艘；元世祖至元七年（1270年），元廷辖属的船坊一次就生产出船只5000艘。窥一斑而知全豹，仅上述诸例，足以推知宋元时期造船技术的成熟和造船产量的惊人。

　　在发达强盛的造船工业支持下，加上朝廷的重视和鼓励，宋元时期的船舶利用便出现了空前繁荣的景象。无论在内河近海，抑或是在远洋外域，船舶的作用都表现得淋漓尽致。当时，水路几乎是四通八达，凡朝廷漕运，命官巡视、赴任，军事活动，官方或民间货运、客运，商业贸易，渔猎捕捞生产，游览观光等等活动，都少不了船舶的利用。在人工大运河、海河、黄河、淮河、长江、钱塘江、珠江和其他内地江河湖泊，以及黄海、渤海、东海、南海等近海交通中，舳舻蔽水，千帆万樯，已成为屡见不鲜的景象。在东渡日本、朝鲜，远涉波斯湾、红海和非洲东海岸等海外交通中，中国的"神舟"、海舶更是遐迩闻名。据不完全统计，宋元时期仅内河航运每年行驶在长江的船只就达二三十万艘（次），出入于黄河的船只也超过1.5万艘（次）（《马可·波罗行记》）。以此类推，综合在其他河湖和近海远洋中的年均行船量，以最保守的方法计算，亦至少达到四五十万艘（次）。以元代的漕运一项用船情况为例，元代的京师设在大都（今北京），维持京城皇室、朝廷官员及百姓的生活需要大量的粮食。这大量的粮食主要来自各地通过漕运手段运抵京师的贡赋。元代的漕运除通过大运河进行外，主要以海运与陆路结合为主。元代的海上漕运每年固定为春、夏两次，年运输漕粮至少在90万石以上。如1289年，海运漕粮93.5万石，1290年增至150万石，从1309年起，年运200万石以上，至1319年起，年运输量则经常在300万石以上。元代的漕粮主要源自南方水乡，南方贡赋的漕粮基本上是通过海道转运到达大都的，故元廷对海运十分重视，并设置专门的管理机构。由于漕粮运输的数量很大，为保障漕粮在限期内安全抵达大都，每次的漕粮海运一般都保持有由上千海舶组成的船队。庞大的漕粮运输船队浩浩荡荡地出现在东海、黄海、渤海等海面上，其壮观、气派的情景，的确很令人赏心悦目。

宋元的船舶利用和制造，已基本上达到因航路不同而形制结构有别，以及橐、舵、矴、导航仪等附属设备成熟完善的水平。宋代的船舶因用途和形制结构不同，大致可区分出内河客、货船，海运客、货船和战船三大类。

内河客、货船，是指应用于内河湖泊中的船只。其总体特点是体积较海运同类船小，一般均为平底，无需导航仪器。其形制种类很多，主要有大、中型客船、货船、漕船、游艇和小型的舢板、小舟等。在北宋张择端的《清明上河图》中，描绘有 20 多艘客、货、漕、游艇的形象。货船的形制是：圆短船形，首尾稍窄中间宽，前后弧曲上翘，甲板上建有基本密封的屋棚；船底宽平，桅、篷、舵、橹、锚帆、篙及索具等行船设备一应俱全［见图29—（1）］。客船的形制是：平长船体，首尾上翘度不大，船中身宽度亦与头尾差不多，长平底，甲板上构筑一层水平高度大致一样的篷舱；舱两边有棂窗，舱门前开，无桅帆，舵、橹、锚大致与货船相类似。漕、游船的形制则分别与货、客船接近。在北宋郭忠恕的《雪霁行江图》中，货船的形制与《清明上河图》所绘基本相同，但船身显得更为狭长，桅杆、帆幕也更高、更大。在南宋画本中见到的江河货船至少可分大、小两类。大者总体

(1) 宋海船复原图（福建泉州出土）
(2) 宋内河货船图（《清明上河图》图像）

图 29　宋代海、河船图

结构类似北宋，其船身似更宽长，船舱结构更趋合理实用，桅帆尤其是杆柱已具有可灵活倒、立的功能；篙、舵、锚、橹、索具及其他行船用具一应俱全，船头并出现了明显的标志旗装置和船舷下系缚有大型的助浮囊包。小者如李嵩《巴船下峡图》所示：船身较小，船中搭一卷篷，前后甲板上仅筑两边无墙的平顶凉棚，人货混载其中；船上有橹、篙、舵、锚，但无桅帆装置。该图生动地再现了四川商贾乘用的小型货船顺流漂行长江三峡东下经商的情景。在元代盛懋的《秋舸清啸图》、张渥的《雪夜访戴图》、萨都剌的《严陵钓台图》、曹知白的《溪山泛艇图》等画卷中，描绘有带简易篷盖的小舢板的形象，其形制是平头、平底，船身狭长。划水工具或用橹或用篙，船上一般只能容载四五人，多用于个人出行、摆渡或小型渔猎活动。在金代武元直的《赤壁图》和元代吴镇的《清江春晓图》中，亦描绘有用于摆渡用篙撑手而行的无篷盖小艇或小舟的形象。1960年江苏扬州施桥镇考古发掘出土一艘内河木船，船材是楠木，船长24米、中宽4.3米、深1.3米，两舷各有大櫓四根，榫接和钉接并用，并用油灰舱缝。近年来，在上海嘉定封浜、天津静海元蒙口、河北磁县南开河村等地又先后发现了8艘属宋元时期的内河木船实物。这些实物资料，无疑对进一步了解认识宋元内河船的形制特点很有帮助。宋元时期内河船的大型者，每艘载运重量是300～500料（1料即1斛或1石，约合55公斤），即相当于16.5～27.5吨。据说在长江航行的船只最大载重量可达到千料，即相当于55吨。这是最大的河船了。

　　海运的客、货船，主要应用于近海远洋的交通运输中。宋元的海船通常较内河船要大，一般用于近海漕运、客运和货运的海船，其形制与内河同类船相仿而船体要稍大些。用于较远距离的航海之船，形体更大，行船设备更完备并都有多桅风帆和导航仪。据文献记载和考古发掘，宋元的巨型或大型海船有宋代的"客舟"、"神舟"和福建泉州海船。"客舟"是生产于福建、浙江一带的客船，船长十多丈、深三丈、宽二丈五尺。船上有篙师水手60人，可承载2000料粟，2000料即相当于110吨。船是用整根木头加工叠合而成，坚固结实，具有良好的抗沉性。船上部平如天平，底部尖如刀刃，属尖底福船型，适航性强可破浪而行。船头有停泊用设备带绞车操纵的正碇和副碇，可根据水的深浅分别使用。船中两舷设有用竹子捆缚而成的橐包，以增加船的稳定性，抗拒风浪和测定船的吃水深浅，载重时吃水不能漫过橐。船上有10支橹划行，并设多桅风帆，帆樯高十丈，头樯高八丈，张布或竹席为帆。船上建筑分三部分，前为厨房，厨房下面为保安人员寝舱，中部有4个房间，后房高耸一丈多，四壁有窗，装饰讲究，并设栏杆帘幕，称为庌，是船上最高级居住舱房。客舟是属于临时从民间征调供朝廷使用时稍作改装而成的，故其装饰有点模仿"神舟"。"神舟"是北宋宣和四年（1122年）徐兢为奉宋徽宗赵佶之命出使高丽（今朝鲜），特地由官方督造而成豪华大型客船，当时共造有2艘，可惜没有留下图形记录。据徐兢的《宣和奉使高丽图经》介绍，神舟的长宽高度和航船设备、生活器具及乘人数量均是客舟的 3 倍，行驶起来"巍如山岳"。加上船体装饰富丽堂皇，故当"神舟"驶抵高丽港口时，旋即引起"倾国耸观，而欢呼嘉叹"。由此可见神舟的巨大和华丽均超出其他大型海船之上。福建泉州海船即"福船"，1974 年和 1982 年先后发现 2 艘，两船形制特点和大小规模基本一致。其形制为船身扁阔，头尖尾方，龙骨两段接成。自龙骨至舷侧有船板 14 行，1~10 行由两层船板叠合而成，11~13 行则用三层船板叠合，接合是搭接和平接并用，以麻丝、竹茹、桐油灰舱缝。船厢共分隔出 13 个水密舱。复原后船体长 34.55 米、宽 9.9 米，与前述的"客舟"规模大小差不多，均属于中型的远洋用海船［见图 29—（1）］。泉州出土的古船当是中国古代"福船"的早期船型实物之一，它对进一步探索"福船"的起源具有重要的参考意义。据文献介绍，宋元的海船单艘载重能力可分为上、中、下三等：上等者为 5000 料以上（相当于 275 吨以上），船上可容载五六百人，前述的"神舟"即属此等；中等者为 2000 料以上（相当百吨以上），前述的"客舟"和泉州出土"福船"即属此等；下等者 1000 料以上（相当 50 吨以上）或更少些，一般用于近海漕运、客运和货运的海船均属此等。

　　战船指应用于水战的军事舰只。宋元战船在制作和应用中也有内河战舰和海战舰之分，前者形体通常较小，后者则较庞大，但形制特点基本一致。宋元战舰的船型种类名目繁多，如蒙冲、斗舰、走舸、海鹘、海鳅、双车、十棹、得胜、水哨马、水飞马、大飞旗捷、飞虎战舰、马船、车船等不一而足。据文献和考古资料显示，宋元的一些主要战船的功能、形制特点以及制作利用情况大略如下。

蒙冲，是一种主力战斗舰，采用生牛皮蒙住船背，以冲击敌方舰队而得名。蒙冲船体通常不很大，以达到战斗时"务在捷速，乘人之不备"的目的。其船型侧视底舱很深，头斜尾弧，平底；船身短宽，甲板较平。甲板上建有二层舱室：下舱是划桨手座舱，舱下船舷开有棹孔，桨从棹孔伸入水中，共用桨10支；上舱前后左右开设孔洞，为弓箭枪矛手施展本领之地。[见图30—（1）]

斗舰，也是一种主力战船。船体侧视底舱亦很深，头圆尾弧，平底；短宽体，甲板宽平，周围有宽裕的活动空间。船舷上设置女墙，用以掩蔽士兵下身。女墙下的船舷上开有棹孔，共有14支桨从左右棹孔中伸入水中，划桨手均坐在女墙边操桨击水。甲板上建有棚屋，棚顶平，也建有女墙，棚上没覆背，前后左右竖令旗四面，并用击金鼓来指挥作战。[见图30—（4）]

走舸，是一种行走速度较快的轻型战船。船体短宽，侧视为圆头、斜弧尾、平底，底舱很深。甲板略呈凹状，舷上立女墙。女墙下左右开有棹孔，孔中伸出船桨共12支，划桨士兵均以女墙为庇护进行操桨划水。甲板上不立棚舱，士兵均站立在板上持刀握矛；并立令旗两面，随时击金鼓指挥作战。[见图30—（3）]

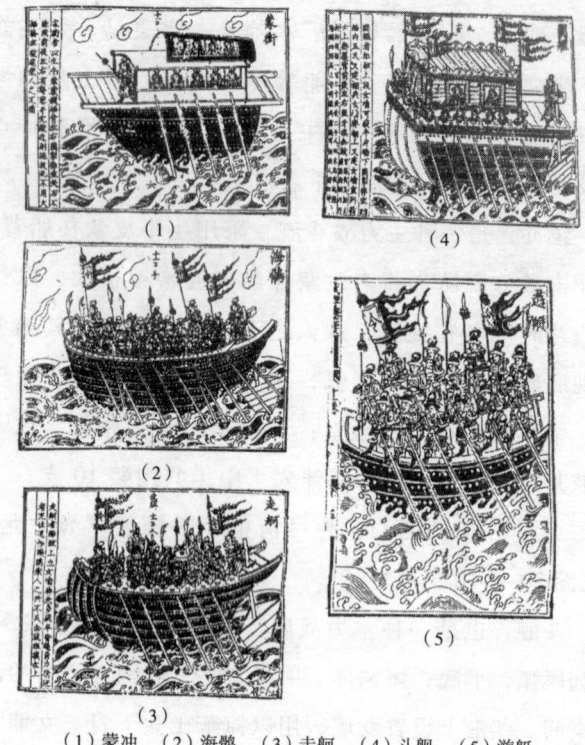

(1)蒙冲 (2)海鹘 (3)走舸 (4)斗舰 (5)游艇

图30　宋代战船图

(宋《武经总要》图录)

　　海鹘，是一种新式的大中型战舰。船体亦短宽，侧视底舱较深，前圆后弧翘，头低尾稍高，形如鹘鸟故名。船舷两侧均置有浮板，像鹘的双翼，起平衡船体的作用。左右船舷用生牛皮相裹，甲板略呈凹状。上不建棚，浮板下船舷开棹孔共18个，用桨24支，即两侧各有两孔共伸出22桨，划手坐在浮板边握桨划水，刀、矛手站立甲板上。船上并立令旗三面。除这种木制的海鹘战船外，1203年，池州秦世辅亦创制了一种铁壁铧嘴的海鹘战船。它的规模较大，长十丈、宽一丈八尺、深八尺五寸，底板宽四尺、厚一尺；船上共设橹10支。这是一种具有冲角的新型战船，船体特别坚固，具有极大的战斗冲击力。这种10橹战船，载重可达1000料（相当于55吨），能乘载战士108人、水手42人，共计150人。[见图30—（2）]

综合型战船，是一种新式的多桨型战舰，1169年由水军统制冯湛创制。该船形制除了多桨的特点外，还有"湖船底"、"战船盖"、"海船头尾"等特点。该船长八丈三尺、宽二丈，船上共用桨42支，载重量为800料（相当44吨），可乘载士兵200人左右。由于该船采纳了数种船型之长而创制，故成为一种行动便捷、江河湖海均可应用的优良战船船型。

无底战船，是一种船中部无底，两舷设有站板的特殊型战船。1268年，元军被围困在襄阳、樊城，在没有援兵解围的困境中，南宋军民死守西城达五年之久。1272年，民兵领袖张贵率3000民兵援救襄阳，在襄阳保卫战中，张贵创制了一百多艘无底战船，船中无底却竖有军旗，军士均站立在两边站板上诱敌。元军不知船中无底，纷纷冲入船中而溺水身亡，使无底船在实战中发挥出极大的杀敌作用。

车船，即轮船，是一种依靠轮形桨作划水工具的战船。隋唐五代时期已有车船应用的记录，至宋元时期应用已十分广泛。1132年，王彦恢制造出有四轮八楫的四车船，取名"飞虎战舰"。其后，南宋水军木工高宣在短短的两个月内，先后造出大小车船十余种，其中包括四车船、六车船、八车船、二十车船、二十四车船、三十二车船等等。在南宋农民起义军杨么与南宋岳飞统军进行的水战中，起义军的车船曾显示了屡败南宋官军的战斗威力。岳飞与杨么水战之后，宋军按照俘获的义军车船式样又对其进行了扩建和改造，使车船成为南宋水军的重要装备。1179 年，马定远在江西制作了 100 艘称为"马船"的新型车船，船上暗装女墙、轮桨，可以随时拆卸。平时用作渡船和运送军马，战时稍加改装即可参战。1183 年，陈镗又建造出一种多达九十轮的车船，可谓车船之最。1161 年，在历史上有名的"采石之战"中，南宋水军便是利用了先进的车战船在长江天险上抵抗金兵并取得了最后的胜利。宋元时期的车船的形体规模至少可区分出特大型、大型、中型和小型等若干等级。特大型车船，长三十六丈、宽四丈一尺、高七丈二尺五寸，可乘载士兵一千多名，至少相当于前述的 5000 料船。大型车船，一般长二三十丈，吃水一丈左右，可乘载兵士六七百名，大约相当于前述的 2000 料以上船只。中型车船，可乘载士兵二三百人，约相当于 1000 料以上船只。小型车船，乘载百人上下，约相当于数十料的船只。这种车船的运行原理是依靠脚蹬轮桨，以轮击水，与桨数同等的船只相比，具有更为快捷省劲的优点。以它在宋元时期的水战屡屡先声夺人、出奇制胜的成功战例看，不失为一种在中国古代战船发展中具有强大冲击力和战斗力的优良船种。（见图 31）

 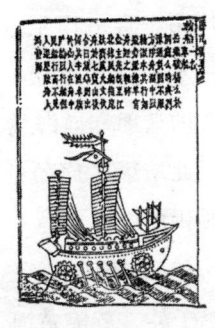

图 31　宋代车船图

最后还值得一提的是，宋元时期，无论是河船、海船，还是战船，其行船设备、装置都较以前有极大的改观和提高，并朝着完善的方向迈进。最突出的表现在竹䉓、平衡舵、测深砣、导航仪、导航标志等等设备的改进或创制上。竹䉓，是宋元海船上新出现的缚系在船中部两舷侧的竹捆，其功能是消浪和减缓船只的摇摆，增强航行稳定性，平时又可成为船只载重吃水限度的警戒线。平衡舵，舵面呈扁阔状，因舵面面积增大而提高了控制航向的能力。宋元大船均设置大小两个可据水道深浅而灵活交替升降使用的主舵。测深砣，即系有长绳的铅质水砣，功能是测量水深。宋元船只，尤其是海船通常可依靠水砣确定停泊地点、方位和避免航行搁浅。宋元海船上已成功地制作和应用了指南针或磁罗经作为全天候的导航仪，从而极大地提高了夜航和远洋航行的能力。宋元时期开始正式出现指引船舶安全进港的导航标志，如建于南宋绍兴年间的泉州关锁塔，就是当时船只进港的导航标志，其作用一直沿用至今。宋元时期正是凭借着高超的造船技术和先进行船、导航设备的成功创制及应用，使当时的造船和航海技术水平遥遥领先于世界其他国家，并以此结束了原始的航海时代，从而揭开了新计量航海时代的序幕。

（2）囊筏。宋王延德《高昌行纪》说："次历第女嗢子族，族隔黄河，以羊皮为囊，吹气实之浮于水，或以橐驼牵栿而渡。"据此而知，第女嗢子族是使用羊皮囊或用骆驼牵引木筏作为横渡黄河的主要交通手段。《元史》卷四载："冬十月丙午，过大渡河，又经行山谷二千余里至金沙江，乘革囊及栿以渡。"据此而知，长江上游金沙江一带在元代亦有使用皮囊和竹木筏渡河的习惯。上述两则记述说明，宋元时期在西北和西南地区，除了应用舟船为水上工具外，在民间尤其是在河海湍急的地带，皮囊和竹木筏的特别渡河功能和作用，是大型舟船所无法取代的，故被一直沿用流传下来。

 **4　骑乘**

宋元时期的骑乘利用，主要有骑马、骑驴和骑用骆驼等内容，而其中又以骑马利用的形式和内容最为丰富多彩。

（1）骑马。宋元时期的骑马利用比以前时期有过之而无不及。其中原因，与当时的社会民族结构和民族关系发生重要变化密切相关。宋元时期社会的民族结构，首先是辽、西夏和金（女真）与汉族的长期对峙，最后是蒙古族的一统天下。由于辽、西夏、金和蒙古族都是以游牧骑马为主要生活方式的民族，故骑马之风泛滥，成为此一时期陆路交通利用上的一个重要特色。宋元时期对骑马的利用，主要体现在军事战争、邮驿、日常巡游、出行、游猎活动等诸方面。

军事战争中的骑马利用，可谓洋洋洒洒、蔚为大观。北宋皇朝的建立和巩固，辽、西夏、金等与宋在中原逐鹿，兵戎相见，蒙古族的西征南伐，灭金亡宋建元等等，凡此类重大的军事冲突，均充分显示了骑马利用对宋元时期政治形势变化起到的重要作用和巨大威力。"碧眼胡儿三百骑，尽提金勒向云看"（柳开《塞上》）、"铁马秋风大散关"（陆游《书愤》）、"落日塞尘起，胡马猎清秋"（辛弃疾《水调歌头》）、"马作的卢飞快，弓如霹雳弦惊"（辛弃疾《破阵子》）、"铁马晓嘶营壁冷"（刘克庄《满江红》）、"飞骑将军朝出猎"（萨都剌《大同驿》），诸如此类的宋元诗句，均从不同的角度展示了宋元战马利用的瞬间场面。而蒙古族的崛起以至元王朝的中原定鼎，更是谱写了一曲以马背定乾坤的英雄史诗。蒙古族从斡难河立国起，便拥有了强大的骑兵部队，"一代天骄"帖（铁）木真"成吉思汗"，"以弓马之利取天下"，他亲率军队西征，铁骑所至如摧枯拉朽，降西夏，平中亚，侵略波斯、钦察，饮马第聂伯河，其功至伟，其威荫后。在成吉思汗开创的宏伟基业下，后继者窝阔台倚铁骑挞伐金国，问鼎中原。忽必烈策战马定鼎中原，建立元王朝，然后南下伐宋，最终以"天马浮江，兵强将锐"之优势灭亡南宋统一全国。蒙古国创始和元王朝创建的历史，是对宋元时期军事上骑马利用盛况的最好解释，更是对军用骑马的重要意义和作用的有力而精彩的说明。

邮驿骑马利用，是继承了隋唐五代传统而又有所发展的利用。宋元的邮驿，尤其是元代的邮驿制度最为发达。元代邮驿分有站赤、急递铺两类。站赤即是驿站，急递铺属于邮站。站赤分陆站和水站，陆站的代步工具是马、牛、驴、车、轿等或徒步行走。东北地区也有用狗的，但陆路站赤当以骑马传递为主。站赤的驿传一般需持有批准驿传的玺书，此书称为"铺马圣旨"，遇紧急军事消息传递，则以金字圆符为标记，银字圆符紧急程度稍缓。据《元史·兵志》统计，元代站赤全国可考者有陆站904处，共使用驿马44035匹。除陆站用马外，一些水站赤也兼用马匹。急递铺则主要是据人跑步分段接力而传递，故与用马无关。从以上站赤用马的统计数目可知，骑马利用对元代的驿传具有非常重要的意义和作用，是元代驿传交通中，在陆路上最为重要的手段之一。

日常出行、巡游、游猎等活动的骑马利用，在宋元时期也较为广泛普遍。如当时的辽、西夏、金、蒙古等游牧民族，在日常出行、巡游和游猎活动中，都以骑马为主。李赞华的《射猎图》，描绘了辽人猎手牵马出行射猎的形象；刘贯道的《元世祖出猎图》再现了世祖骑马狩猎的英姿；张瑀的《文姬归汉图》则描绘了金人送文姬骑马归汉的情形；而萨都剌的"飞骑将军朝出猎"（《大同驿》）、"朝驰五花马，暮脱千金裘"（《早发黄河即事》）等诗句，亦记述了蒙古族人骑马出行和狩猎的情形。至于当时的汉民族，也同样很重视骑马代步的交通意义，如宋代的官员在日常出行时，除了乘轿子、牛车外，还喜欢骑马出行，在宋张择端的《清明上河图》中，便可见到宋代官员骑马游汴京的形象。而王禹偁的"马穿山径菊初黄，信马悠悠野兴长"（《村行》）、刘辰翁的"红妆春骑，踏春月，竿旗穿市"（《宝鼎现·春月》）、沈佺期的"南陌青丝骑，东邻红粉妆"（《夜游》）等等诗词，亦反映出宋人骑马闲逛山村和宋代妇女骑马春游的情景。

（2）骑驴。宋元的骑驴利用，在民间尤其是汉民族的日常生活中，仍具有较为重要的交通地位和意义。宋张择端《清明上河图》中所见的骑驴情况，反映了宋人骑驴出行、逛京城、赶集市已成为当时生活的一个重要内容。除《清明上河图》外，宋元的一些文献和文学作品中也有不少关于宋人骑驴利用的记述。如：程颐的《家世旧事》中的"族父文简公应举来京师惟乘一驴"，司马光《诗话》中的"韩退士放诞不拘，以诗自名，常跨一白驴"，《金史》中的"世祖尝乘醉骑驴入室中"，苏东坡的"往日崎岖还记否？路长人困蹇驴嘶"，陆游的"野桥孤店跨驴行"、"白驴依旧系斜阳"、"乘无秃尾驴"，王庭珪的"长安道上醉骑驴，忍冻不知蹄屡蹶"等等，均从不同的侧面说明了宋元民间骑驴利用发展的一般情况。

除生活骑乘利用外,在宋元的邮驿活动中,亦见到骑驴的利用。宋元邮驿的骑驴利用,是对邮驿骑马的一种重要补充,据《元史·兵志》的不完全统计,元代全国的驿站每年用驴至少可达5613头以上。

(3) 骑用骆驼。骑乘骆驼代步和用骆驼长途驮运货物,在宋元时期也较为常见。骆驼已不再是罕见的家畜,其足迹已深入到内地中原。宋张择端的《清明上河图》中的汴京街道上,就有牵骆驼行走,用骆驼驮货的描写。在宋元的文学作品中,也每每可以看到有关骆驼利用的描写,如:宋诗人梅尧臣的《骆驼》诗说:"鸣驼出西域,衔尾足连连。汉驿凌云志,胡儿踏雪牵。当时识风侯,过碛辨沙泉,老觉肉峰侧,犹蒙锦帕鲜。"元代诗人马祖常的《河湟书事二首》诗中说:"波斯老贾度流沙,夜听驼铃认路赊。"这些诗句形象地描绘了骆驼利用时的独特场景,展示了骆驼运物载人、走西闯东的独特风姿。

 **轿子**

隋唐五代时期的腰舆到了宋元时期又有了进一步的发展。宋元的舆轿,时人或称为檐子、兜子、舁和轿子,但以轿子最为重要。轿始于宋代,并逐渐成为舆轿的总称或俗名,历明清乃至近现代轿子之名一直沿用不变。宋代的封建等级制度曾对乘轿进行规定限制,如《宋史·舆服志》有"工商庶人家乘檐子,或

用四人、八人，请禁断，听乘车、兜子、舁不得过二人"，"民间毋得乘檐子"等朝廷禁令记述。不过，惜禁令难行，法不治众，禁令不仅没有起到有效的轿子禁乘目的，反而在民间产生了"京城士人与豪右大姓，出入率以轿自载，四人舁之，甚者领以棕盖，彻去帘蔽，翼其左右，旁午于通衢，甚为僭拟"（《宋史·舆服志》）的结果。这种结果的愈演愈烈，使宋元时期轿子的利用和发展呈现出一派繁荣发达的景象，并将轿子一下子推举到陆路交通工具中一个非常重要的位置，成为上至皇室贵族、朝廷官吏，下至黎民百姓或富商大贾等都喜欢乘用的主要代步工具。据《东京梦华录》载，当时的汴京（开封）街头巷尾，到处都有轿子的租赁，由此诞生了三百六十行之一的抬轿行业。

宋元时期是中国古代家具发生重要变革的时期，高脚家具的出现和变化同时又带动了轿子形制的变化。宋元的轿子已由原来的"肩舆"、"腰舆"形式蜕变成安装有高脚椅座的立体长方形全遮蔽式轿子。这种轿子使乘坐者的坐法由原来的"席地而坐式"变成"垂足而坐式"。此时轿身增高，轿周围有簌席遮挡，轿上有四角上翘的盔帽式顶盖，轿身左右开窗，门扉挂帘幕。所有这些都极大地增加了乘轿人的舒适感。加上轿杆固定在轿身中部，既提高了抬轿和乘坐的重心稳定，也方便了轿夫起放轿子。这种结构合理、实用的轿子，显然为明清时期以及近现代轿子的发展传承起到了直接作用，并成为其直接仿效的模型。至于宋元轿子形制的真实情形，我们或可通过宋元的画本资料和考古资料作进一步的了解。在宋张择端的《清明上河图》中,熙熙攘攘的汴京闹市里,便穿插有二人抬轿而行的场面,其轿子形制便是如上所述的类型,有的在轿顶上还插饰柳枝。1958年河南方城出土的宋强氏墓中一乘石质的轿子模型,其形制基本与《清明上河图》中的轿子相同。1978年,在江苏溧阳出土的宋李彬墓中一件陶制轿子模型,其结构是一把大椅两旁捆上竹杠,不施帷幔,用二人抬轿。这一小轿中的坐椅或认为是文献记载的"龙椅",此种以"龙椅"面目出现的简易小轿,或认为其是以后"凉轿"或"滑竿"的祖型。

宋元的轿子除用于日常生活外,还颇具特色地被应用到邮驿活动中。据《元史·兵志》载,在元代地方的一些驿站中,都用轿子作为交通传递工具。如江、浙等处行中书省曾有陆地轿站35处、轿子148乘;江西等处有轿子25乘;湖广等地有坐轿175乘、卧轿30乘。这些都是专门用于站赤驿传活动的轿子,它们在客观上开辟了轿子利用的新途径。

 记里鼓车

据《宋史·舆服志》所载,宋人吴德仁曾仿古制制作并利用过记里鼓车。其形制为单辀(辕)双轮(有辐),四方形车舆,舆栏壁较高环绕四周,车中部设一木人敲鼓装置,其原理与秦汉的记里鼓车和魏晋南北朝的司里车一样,只是车子成型上带有较浓的宋

车风格。据说这种记里鼓车使用时也是用马来牵引的。但因其功能与特性，使用机会极其有限。

7 驿狗与驿羊

这是一种极其特殊的利用。据《元史·兵志》载：在元代辽阳等东北地区的陆地驿站站赤中，曾设狗站15处，拥驿狗3000只，作为邮驿传递的主要交通工具。另在甘肃等地见有拥有羊650头，用来进行邮驿活动的站赤。诚然，这些驿狗、驿羊的利用，当与驿马、驿驴的骑乘情形不一样，它们大都属于靠牵引小橇（车）载人，由人驾驭来实现其驿传功能和价值的。

八　明清时期交通工具漫话

元朝末年，由于社会矛盾的不断激化，爆发了规模宏大的红巾军起义。农民出身的朱元璋也投入了农民起义的洪流，并以其过人的智慧和谋略迅速崛起成为起义军中的一方领袖，最后他以超人的政治才能和军事谋略，打着红巾军的旗号，借助红巾军的威势，一举成为削平靠起义发家的东南群雄和北伐元军，驱逐元帝并夺取元代政权的一代枭雄。1368年，朱元璋在南京登上帝位，建国号为明，明王朝的历史由此开始。从太祖始至思宗止，明王朝共历十七世277年。1644年，农民起义军将领李自成攻陷北京，明思宗崇祯帝看到大势已去遂自缢身亡，明朝宣告灭亡。同年，尽管明福王朱由崧即位南京以作残喘，但明将吴三桂引清兵入关，清人借此从沈阳迁都北京并代明拥有天下，清朝自此开始。清朝的统治历经十世268年，至1911年辛亥革命南京临时政府成立，清末代皇帝宣统溥仪逊位，清朝至此宣告灭亡。

1368~1911年的明清时期，是中国封建社会由强盛开始转向衰落并最终导致中国封建王朝时代结束的时期。在这一中国封建社会发展的最后阶段中,社会政治、经济文化的发展也呈现出两种倾向:一种是原有传统的继续、巩固和有限度的提高;另一种是逐渐放弃、排斥传统的文化思想和科学技术,接受、引进外国资本主义的新文化、新思想和新技术。在这一特定的历史背景下,交通工具的发展也呈现出两种倾向:一种是传统工具的延续沿用并有所改进;另一种是引进、创制新的先进工具并以此改变旧有传统工具的落后状态。明清交通工具发展的总体特征可概括为:属怀旧色彩的以马牵引为主的辂车成为大驾卤簿(仪仗)活动中的重要工具;以骡牵引为主的轿车获得新的发展途径;乘轿的制度和风尚趋向严密和更加流行;船舶的制作和利用盛极一时,新型的马车和自行车开始出现;铁路机车(火车)开始获得成功的创制和使用。(见图32)

明清时期交通工具的利用主要可分典礼仪仗活动用车、骡车、人力车、船舶、骑乘、轿子、自行车、机车(火车)等种类。

(1)

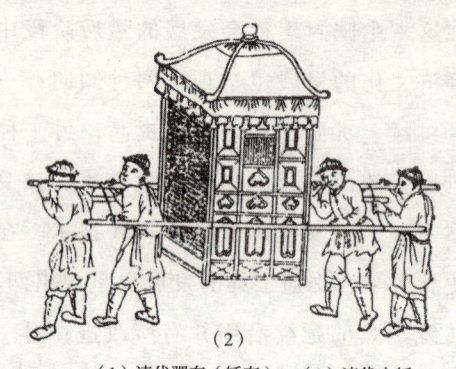

（2）

（1）清代骡车（轿车） （2）清代大轿

图 32　清代骡车和大轿图

（《清俗纪闻卷》图录）

 典礼仪仗活动用车

明清时期，仿古之风甚浓，在庄重的祭祀或典礼活动中，常常有大驾卤簿渲染。所谓大驾卤簿，即仪仗队伍。仪仗队伍簇拥而行的群队，一般为皇室或朝廷贵族、命官大员，乘坐的车子均仿古制，其中用于皇帝专乘者便可分出 5 种类型，简称五辂或五辇，即玉辂、大路（金辂）、大马辇（象辂）、小马辇（革辂）、香步辇（木辂）。玉辂，木质髹漆，方舆圆顶，高一丈二尺一寸，双直辕，两轮各有辐条 18 根，舆身上有系带、垂幨和门帘，车身各部分别有玉饰、金片镂饰，舆后立有十二游大旗，一般用大象一头系驾，偶或用二马代之；金辂，即大辂，形制与玉辂相仿，装饰以金黄色为主调，以别于玉辂的青色主调，一般

亦用一头大象驾车；象辂即大马辇，形制与上同，装饰则以红色为主调，系驾用服马四匹、骖马六匹；木辂即香步辇，形制与上同，装饰以黑色为主调，系驾用服马二匹、骖马四匹；革辂即小马辇，形制与上同，装饰以白色为主调，系驾用服马二匹、骖马三匹。皇后、皇太后乘用的车子称凤车或龙凤车，双辕、双轮、方舆，以黄色为主调，用一马系驾，另皇后等还乘用与凤车形制相近的仪车。皇妃则乘坐翟车，翟车形制与凤车相同，但装饰以金翟为标志；另乘用仪车，仪车形制与翟车同，但以鎏金铜件装饰。亲王以下的夫人、公主等一般乘朱轮车、郡君车、县君车、乡君车等等。典礼仪仗活动中应用的古制车子，在形制上与日常社会生活中应用的车子有很大的区别，后者形制简单实用，装饰一般都较简洁。

 轿车和敞车

轿车是明清时期产生并广泛应用的一种新的由畜力牵引的车子形式，它主要用于乘人载客，是明清时期至为实用而重要的陆路客运交通工具之一。轿车均为木质，皇室、贵族及命官大员多用楠木、紫檀、花梨等上好木料制作，一般民众则用柳木、榆木、槐木、桦木等一般质材加工。车子成型后髹以油漆，常见漆色是栗壳色、黑色。用上好木料制作并以本色油漆饰表的车子称为"清油车"。一辆轿车由辕、舆、轮轴组成。双辕居前承后，由两根圆头方身的长木连接车舆、

梢构成车体"龙骨"。车舆为横长方形，舆底框架上铺垫木板，讲究者在木板的中心采用极密的细藤绷扎，形成与现代相类的棕绷床，上再放置坐垫。车辕前一般配有一个短脚长凳，名"车蹬子"，平时架在辕前，当乘者上下车时，便取下做垫脚用。车辕前还横置一方形木棍，供停车时支撑车辕用。车舆为高立卷篷状，篷均用竹篾编织而成，篷表裱糊一层布，布上再涂桐油防水。舆门前开，舆身有些与轿子相同，作竖长方形，上有穹隆顶篷。车梢（舆尾后部）后部较宽，一般用来装放行李箱笼；无行李时，则可倒坐一人。舆下为轴、轮相承，双轮均有辐条，大者辐16根，小者辐8根。轿车上一般还有许多金属构、饰件，如后梢横木上的"填瓦"，车厢套围中的"暗钉"、"帘钩"，车辕头的"包件"等等，这些构、饰件有黄铜或白铜刻花的，还有景泰蓝、戗金银丝的。"轿车"之名是因此类车子有棚有围形如轿子而来，在形体上较之同形制的运货"敞车"小，故又称"小车"。明清时期的轿车一般多使用一匹或二匹骡子系驾，故此类车子又通称为"骡车"，但这种"骡车"在一些场合下亦使用马驾或驴驾（见图32）。无论是贵族官员乘坐的高马车，还是平民乘坐的一般骡、驴车，车子主体形制均无太大差别，仅在车子构、饰件的质地和髹漆颜色方面表现出较严格的等级差别。如豪华轿车的车围子用绸子或锦缎，冬天加用皮，夏季改夹纱，并嵌玻璃、绣珠宝、顶绦子，垂穗子，装饰华丽，变化万千。在漆色上皇帝用明黄，亲王及三品以上官用红色，其他官员分别用宝石蓝、古铜、绛色、豆绿等色。庶民百姓的轿车围子多是棉布或麻布,漆色只能用皂青色或深蓝色。因白色是重孝的服色,故高等和普通轿车除发丧外,均不使用白色。没有围子的轿车,通称"光架子骡车",一般不能随便上街。因处决犯人前常使用这种车子押送犯人去刑场,故再破敝的轿车也要有个围子并铺上垫子才能充当乘人之车使用。明清时期既是轿车产生并迅速走向兴盛发达的时期,同时又是轿车逐渐走向衰落的时期。在发达兴盛时,其用途十分广泛,并由此产生各种名称,如当时贵族出入必用轿车,并被誉为"府第之车"。仅次于"府第之车"的"大鞍车",则是贵官们常乘的轿车。一般仕官乘用的用绿色油布围舆的轿车,称为"官车"。此外还有专门用于出租的轿车"站口车"、沿途招揽坐客的"跑海车"和奔驰于交通要道或跑长途客运的轿车。但随着人力载客车和汽车的出现,轿车的利用便逐渐走下坡路,最终成为仅限于乡村地区及交通不便之地继续沿用的客运工具。

敞车又称大车,因运货需要车上不立棚和无车围、无装饰而得名。这是一种在主体形制结构上与轿车相同的专用于货运的车子。敞车一般亦以骡驾为主,但也有马驾、驴驾的。敞车是明清时期民间货运中最为重要的陆路交通工具。由于它简单实用并富有实效的特点,故此种车子形式直到近现代我国广大的乡村地区仍在沿用。近现代的这种"骡车",只是在车子双轮上发生了重要变革,即从原来的有辐木轮变革为橡胶轮胎。

3 人力车

明清的人力车主要见有独轮手推车。其形制是独轮（有辐），双直辕上构筑出分左右两侧的货架，架前或设挡栏，架后辕下有双支脚。这是一种民间使用的短途、少货量的小型运输工具，一般是由一人从后持两辕向前推行。遇货物较重时，亦临时套驾一驴在前牵引，一人在后扶辕平衡，两旁或有人持鞭驭驴而行。如明代《皇都积胜图》中便描绘有这种驴引人推策鞭而行的独轮手推车使用情况。（见图33）

图33　明代独轮手推车及应用图

（《皇都积胜图》图录）

4 舟船

明清时期的舟船，经历了全盛转衰，大起直落的境遇。全盛大起者是明代的舟船利用和制作业，转衰直落者是自明末起至清的舟船制作和利用。

（1）进入巅峰状态的明代舟船。在宋元时期舟船利用与制作大发展的良好基础上，明代的造船与用船又百尺竿头更进一步，出现了前所未有的发达繁荣，达到了空前的历史新水平，使中国古代造船业进入一个发展巅峰时期。

与宋元时期的船场、船坊相比，明代的造船工厂规模更大，设备更全，生产能力更强，技术水平更高，分布范围更广。明代最著名的大型造船工厂有江苏龙江船厂、淮南清江船厂和山东北清河船厂等。其中建于南京下关三叉河的龙江船厂，在厂址规模和造船能力与水平上都格外引人注目。该厂造船年产量超过200艘，除建造大、小黄船，战巡船，战座船等约20余种船舶外，尤以擅长建造大型海船而闻名。郑和下西洋所动用的大艘宝船均产自该厂，故该厂亦被视为是专门"造船入海取宝"的"宝船厂"。淮南清江船厂以专门建造漕运船舶为特点，其本身包含总厂4处、分厂82处，共计拥有工匠达三千多人，据《漕船志》、《明会要》等典籍统计，仅从弘治三年至嘉靖二十三年（1490～1544年）的短短54年间，该厂累计建造漕船达28534艘，平均每年约造500艘以上，有时为满足漕运之需，一次造船数量最高可达2000艘以上。从龙江船厂和清江船厂的造船能力和造船规模来看，便足以证明明代全国造船业的发达和盛况空前。

明代的造船业不仅生产能力强、产量高、规模大，而且制作技术水平精湛高超。在船体规模、形制、行船设备、导航仪器的设计制作和装配上，都达到了前所未有的技术高度，跃居当时世界最先进的行列。如据各种资料显示，曾被郑和七下西洋所利用的大宝䑸船，船体之大超过宋元海船，长四十四丈四尺（约合150米）、阔一十八丈（约合60米），船型均采用平底方头的沙船型，船上张挂风帆12面，其篷帆锚舵巨大，需二三百人才能举动抬起。船上备有起锚、挂帆用的绞车，还备有先进的导航罗盘、牵星板和测深器等等。此外，船上还营造出舒适的生活舱房和实用合理的货舱。可以说，明代"宝船"的成功制作和远洋航行，集聚了当时最尖端的科学技术和生产工艺，代表或直接反映了明代造船的最高水平，是明代造船总体发展水平的一个缩影。正是凭借着这种形制设计科学合理、船体规模宏大、行船设施和导航仪器齐备完善的"宝船"载体，加上拥有丰富的航海经验和高超的航海技术，"三宝太监"郑和才不辱使命，成功地创下了七下西洋的中国古代航海记录和震惊世界的壮举。

明代的造船业，不仅规模大、产量高、制作精，而且种类多、船型齐全。明代是中国古代四大航海船型全部出现并定型的大发展时期。所谓四大航海船型，指的就是沙船、福船、广船和鸟船。沙船的特点是平底、方头方尾、尾部出方艄，身长体宽且扁，其成型在唐代，宋代称作"防沙平底船"，元代称为"平底船"，至明代才正式通称"沙船"。元明时期是"沙船"发展的鼎盛期，郑和七下西洋使用的"宝船"，便属一种大型的"沙船"。福船的特点是底尖上阔呈"V"形，尖头方尾、首尾高翘，因原产于福建地区而得名。宋元时期已定型并得以广泛应用，明代则获得进一步的发展。"福船"是一种适于深海远洋航行的船型。广船的特点是首尖体长，下窄上宽，状似双翼，其吃水较浅，利于破浪，其梁拱亦小，甲板脊弧低，有较好的远航性能和较大的续航能力，因始创于广东而得名。这是在明代诞生并广泛流行于中国南海地区的一种海船船型。鸟船的特点是"头小身肥，船身长直，除设桅、篷（帆）外，两侧有橹二只，有风扬帆，无风摇橹，行使灵活，而且篷长橹快，船行水上，有如飞鸟"（清《浙江海运全案》）。这是一种因其船行如飞鸟而得名的小型海船，在明代的浙、闽、粤沿海最早出现并得到迅速的普及发展。以上四大船型，基本囊括了明代的船型形式。在这四大船型基础上，明代又派生出各种名称有别的船只种类，如用于内河运输的有大黄船、小黄船、快船、江汉课船、八橹船、满篷梢、摆子船、三吴浪船、西安船、清流船、梢篷船、黑楼船、盐船、乌艚、红单船等等；用于海运的除前述的大型宝船、马船、粮船外，尚有蜑船、遮洋船、封舟等等；用于战争中的则有战座船、巡座船、哨船、开浪船、火轮神舟、鹰船、三板巡船、连环舟、子母舟、两头船、大福船（见图34）、苍船、艟𪨶、单撇船、白艚、唬船等等。这名目繁多的船只种类，在一定程度上亦反映了明代造船和用船的发达情形。

明代规模宏大、水平高超、潜力巨大的造船能力，为船舶的交通利用开辟了广阔的天地。1405~1433年间，明成祖朱棣委派"三宝太监"郑和率领规模宏大

图 34 明代大福船图

(明《筹海图编》图录)

的明廷船队,乘"宝船"先后七下西洋,历访亚洲、非洲 30 多个国家,并成功地两次横渡印度洋,由此创下了古代航海史上的伟大壮举,谱写了古代人类大规模远洋航行最壮丽的篇章。郑和乘"宝船"七下西洋的成功事例，除显示了明代强大的造船实力和航海能力外，还充分显示了明代海船利用的重要作用和重大意义，将明代的船舶利用推进到一个前所未有的崭新阶段，并成为深刻展示明代船舶生产繁荣发达的典型范例。除郑和七下西洋表现明代船舶利用，尤其是海船利用的重大交通价值外，在更为频繁平常的内河近海的漕运、货运、客运中，各种大小不一的舟船也都在扮演非常重要的交通工具角色。即便是在水源充足的偏僻乡村地带，也随时可见到摆渡小船、短途小货量运输的舢板及打鱼小艇的身影。综观明代的船舶制作和利用情况可知，从某种意义上说，明代的水上交通工具比陆路交通工具更为发达，舟船的利用价值和意义较陆路车马更显重要。

(2) 衰落的清代造船业。自明末和清初开始，由于统治者多次推行海禁政策，限制和制约了民间航海和水运事业的正常发展，从而逐渐削弱和禁锢了清代造船能力和航海技术的进步，使传统发达的造船工业迅速由盛转衰。随着清末外国轮船的引进和中国内河、沿海航行权逐渐旁落外国人手中，导致中国古代传统的造船业和航海业从此坠入深渊、一蹶不振。

受此政治和水上交通形势变化的影响，清代的舟船利用情况便明显呈现出早晚两种迥然有别的发展态势，即早、中期的舟船利用内容与晚期的舟船利用出现极大的反差。清代早、中期的舟船利用，由于是立足于明代发达的造船工业和航海技术基础之上的，故舟船利用虽无创新之举，但仍不失守成之为。在这种守成延续利用过程中，国产的传统风格船舶仍然在航海、近海内河漕运、货运、客运以及农事养鸭等活动中体现着大小不同的交通价值，而局部的、短时期的繁华景象亦时有闪现。如在海船利用中，此时期较出名的有厦门船、宁波船和封舟。厦门船、宁波船均是福船型挂双帆的大中型海船，它们是当时近海、远洋中最常见的海上交通工具。封舟船体侧视圆弧如勺、头尾高翘、中部低凹，船底中脊尖、两侧弧平，方头、方尾，船身较宽大，船上建三桅之帆。这是一种新型的大型海船。清政府在赐封琉球国王时，政府使官便是乘坐这种大船亲赴琉球国履行赐封仪式的。这种大型海船通常都是作为天使传达赐封大事专用的船只，故又习惯称为封舟。在漕运、货运、客运船只利用上，据流传下来的《漕舫》图形，此时期漕运是用一种大型的漕船，其形制特点是船头高翘圆弧，船尾低平，船身较大，船甲板上建有屋形舱，并立有二桅二帆，行船工具则使用橹、篙结合。据徐杨的《盛世滋生图卷》（又称《姑苏繁华图卷》）描绘，它不仅再现了清代姑苏城（今苏州）内繁华的街市和秀美的园林景色，同时也再现了当时姑苏城内船舶利用发达、码头停泊船只拥挤的场景。据图示，在姑苏城码头上停泊的船只种类既有许多平底方头的中型客、货船，也有不少小型的运客帆船、舢板和小艇。类似的船舶利用情形，在《潞河督运图》、《两淮盐法图册》中的《官盐过秤》、《仪所掣挚》等图形作品中也可见到。苏州、潞河及两淮地区所见到的舟船繁华景象，在很大程度上反映了此时期民间船只利用的一般情况。除此而外，从王晕的《江南早春图》中可知，当时已出现利用撑小艇在湖泊中放养家鸭的举动。另据金农的《采菱图》描绘，当时的乡间还出现了撑乘小艇种菱、采菱的利用。清代晚期的舟船利用，在外国轮船不断引进的冲击下，国产船只利用率一落千丈。由于外国轮船采用了先进的蒸汽机械动力，使国产的传统人力或风帆动力船的发展和利用陷入困境。随着外国轮船的大量介入，中国的大江大河和沿海船只利用，逐渐出现了被外轮垄断的趋势。为避免出现被外轮一统天下的难堪局面，晚清政府不得不推出一些重要举措，如成立轮船招商局，统管内河近海的船务工作；规定外商轮船行驶的航线和区域，以此保障中国船只的利益，抑制外商外轮对中国内河外海航行利益的鲸吞或蚕食。这种举措，在客观上收到了一定成效，但由于轮船招商局使用的船只大多属从国外购进的机械动力船只，故在事实上又是对传统人力或风帆动力船只的自我否定和排斥，进而造成中国传统造船业萎靡不振的结局。晚清时期虽然仍有一些非机械动力舟船在内河湖泊中应用，但在利用价值和作用方面已很难与先进的机械动力轮船奋力抗争。

（3）其他水上交通工具。除上述的舟船利用外，明清时期水上交通工具还有树皮船、皮筏、囊、竹木筏、木排等种类。

树皮船，是用桦皮制作而成的小船。明清时期吉林地区的恰喀拉和赫哲族等均有制作和使用桦皮船的习惯。据乾隆十六年的《皇清职贡图》记载："恰喀拉散处珲春沿东海及富沁岳邑等河,男女俱于鼻傍穿环……其屋庐舟船俱用桦皮。"这种桦皮船,形如圆底的瓢状筏,船上一般仅容载一人,乘者持双桨划水而行,一般应用于渔猎和小河过渡活动中。(见图35)

图35　清恰喀拉族桦皮船与应用图

(清《皇清职贡图》图录)

　　皮筏,又称皮船。是用兽皮缝制成袋状圆盘形或其他形状,通过充气或充填羊毛密封后使之产生浮力,人乘筏中浮水而行。明《三才图会》卷四说:"皮船者以生牛马皮,以竹木缘之如箱形,火干之,浮于水。一皮船可乘一人,两皮船合缝能乘三人,以竿系木助之，可十余返。"清姚莹《康輶纪行》亦载："夏水盛之，则去浮桥，蕃人以皮船渡。"明清时期的皮筏利用，主要见于黄河流域中上游地区，但在东北松花江的赫哲族，据说直到民国年间，亦一直保持有使用牛皮蒙制而成的皮船渡河的习惯。（见图36）

图36 明代皮船（筏）与应用图

（明《三才图会》图录）

皮囊，是一种用兽皮缝制成囊形、囊袋充气的简单浮水工具。使用时人夹已充气的囊袋于腋下，利用囊的浮力载人过河。明《武备志》载："浮囊者以浑脱羊皮，吹气令满，系其空束于腋，人浮以渡。"（见图37）

图37　明代浮囊和应用图

（明《三才图会》图录）

　　竹木筏，是用若干长圆木或长竹竿并排穿系而成的浮水工具。竹木筏制作简单，浮力较大，容载量较皮筏大。但由于其自重较大，故行驶时操纵难度稍大，一般备有长竹竿或桨橹作为划水工具。明《三才图会》中有竹木筏应用的图像，说明这种渡河工具曾在明清时期的水运活动中发挥过作用。（见图38）

　　木排，严格说它不属于水上运载工具，但却起到利用自身浮力自我运输的作用。木排本身是由一些需要运输到其他地方的木头组成，一般由十数根或数十

图38 明代竹、木筏及应用图

(明《三才图会》图录)

根原木穿缚成排,人乘排上驾驭木排的流向,水流排走,到达目的地后,木排便分解成圆木交付用材货主使用。用木排形式运输木材的方法在明清时期已经出现,如清代徐杨绘画的《姑苏繁华图卷》中,姑苏码头上不仅停泊着众多的客、货舟船,同时还停泊着由数十根圆木捆聚而成的大型木排。

 **骑乘**

明清骑乘主要有骑马、驴和骆驼等。但骑乘的风

气、规模和价值意义明显大不如前。

（1）骑马。明代的骑马利用，主要通过军队武装和上流社会的出行游乐等场合予以体现。军队武装中的骑马，由于已被长期的历史战争实践证实其存在的重要价值，故明朝统治者也毫不例外地依靠马匹来武装自己的军队，建立强大的骑兵部队，以维护和巩固明王朝的统治。这使战马继续扮演着陆地战争中最为重要的装备和交通工具的角色。如明成祖朱棣5次千里出师远征漠北，曾动用百万人以上的军队，其中便包括有大量的骑兵。由此可知，骑兵用马是明代规模最大、效率最高、意义最重大的马匹交通利用。除军事或战争骑乘马匹外，在明代的统治者或贵族阶层中，也存在着骑马出行游猎的嗜好，如：明代的《出警图》描绘了明世宗朱厚熜骑马出行，侍卫骑马伴随进行谒陵活动的情形；明商喜的《宣宗行乐图》亦描绘了宣宗骑马游玩，文武官员、侍从骑马伴行的情景。像这种在出行中的骑马利用在明代的民间社会一般十分罕见，这主要是与当时的马匹来源不易、马匹珍贵有关。明代所见的民间马匹利用行为大多亦与战争或军事活动结下不解之缘，如明正统年间，政府强迫京畿百姓代官养马，以供军用，并按百姓丁田授给种马，叫马户。马户每年给政府提供小马，但种马死或小马孳生数量不足者，都罚马户赔补。一些马户在难以完成育马之业而又被官府催督苛紧的情况下，走上了反抗的道路。其反抗的主要形式便是利用官马，组成马队，劫富济贫，与官府对抗，被官府称为"响马盗"。到正德年间,"响马盗"的势力越来越大,最终导致了以杨虎、刘六、刘七等"响马盗"为首的河北农民大起义。由于起义军大多源自马户,故马匹来源得天独厚,"恃马力倏忽驰骤""所至纵横,如蹈无人之境"。河北"响马盗"的起义,除了达到给当时的明廷统治予以沉重打击的目的外,还从民众利用的角度上再次显示了马匹在军事对抗中的重要作用,并以独特的形式展现了明代民间骑马利用的辉煌瞬间。

清代的骑马利用比明代更为普遍,这是因为清朝的统治者满人原是擅长骑马的民族。清代的骑马,同样是在军队中表现得最为突出,清代的八旗兵就是以骑兵为主组成的。在清代的绘图或图形作品中,可以看到许多骑兵实战的英姿,如:郭朝祚的《雍正平淮战图》,描绘了雍正十一年骑兵平定葛尔丹策零叛乱的情景;丁观鹏的《平定伊犁回部战图·平定伊犁受降》则描绘了清、回双方骑兵对阵而列的情况;在《平定回疆剿擒逆裔战图·浑巴什河之战》中亦描绘有骑兵的形象;在《满洲实录·神鹊救樊察》图中则有骑兵攻城的精彩场面;在《紫光阁试武进士图》中,则表现了武进士骑马对射应试的情景;在《武将玛瑺斫阵图》中,表现了清朝将军玛瑺在呼尔璊大捷中骑马冲锋陷阵的英姿。以上图像资料,均从不同的角度展示了清代军队骑马利用的一般情况。除军队利用外,在一些日常的生活出行中,骑马亦成为重要的代步工具。如:郎世宁绘画的《春郊阅骏图》,表现了清乾隆皇帝骑马赏春的情景;在《乾隆南巡图》展示的乾隆时期北京前门商业活动场面中,更见有一般客商骑马逛街市的景象。

最后,尚值一提的是在明清的骑马利用中,马具变革发生了在马足蹬部装钉蹄铁的新举措。据明代《增补文献考·经籍志》记载,明代以前没有蹄铁,对马足的保护一般采用编葛。到尹弼商东征建州时,为了防止马蹄冻伤,便用铁片制成圆的马蹄形,分两股装钉在马蹄上。当时的蹄钉像莲子形,头尖尾大,每蹄钉8个,蹄钉同时又起到在冰上行走防滑的作用。自此而后,蹄钉的方法便流传开来,且一旦钉上蹄钉后便不再摘除。以后又逐渐发展出一足一个的蹄铁。由于蹄铁在实践中证明确实起到了保护马足和有提高马的奔跑能力的作用,故蹄铁之具,直到近现代的骑马利用中也一直施用不变。

(2) 驴和骆驼。明清时期对驴、骆驼的利用明显比骑马要逊色得多。

驴的利用主要是驮载货物和骑乘。骑乘一般多应用于民间出行。驮载除了应用于民间一般生产、生活活动外,亦常常应用到战争场合中,如明成祖朱棣的5次远征漠北活动,其中仅在第三次亲征中就调民驴34万匹用来运输粮草,由此可见驴的运载交通作用在明清时期亦颇为重要。

骆驼也主要用于驮物和骑乘,一般多为西北地区少数民族所擅长。骆驼在沙漠地区的长途跋涉中独具优越性。明清时期西北地区的少数民族大多有利用骆驼运载货物的习俗,如在清代的《平定回疆剿擒逆裔战图·浑巴什河之战》和《西域图册·图尔扈特》等图形资料中，均见有骑乘骆驼或牵驼驮物的回人、图尔扈特人的形象描绘。

6 轿子

明清的轿子利用，在宋元发达的基础上又有了新的发展。其主要内容包括出现严格的乘轿制度，出现官、民轿之分。轿子的制作更加精工讲究，轿子的利用更富实效和更趋普遍广泛。轿子的形制种类也更加丰富多彩。严格的乘轿制度主要体现在官轿乘用和官、民轿的漆色施髹上。按明初的轿制规定：凡文臣从三品官以上方可乘用轿子，武官则严禁乘轿。明正德年间之后，轿制稍有松弛，乘轿的范围已扩大到各品级的文官，甚至亦允许武官乘坐无帷幔的显轿（明桥）。清朝的轿制，最初也曾有"满洲官唯亲王、郡王、大学士、尚书乘舆。贝勒、贝子、公、都统及二品文官、非年老者不得乘舆。其余文、武均乘马"的规定，但鉴于各种原因，此规定并未得到切实的执行。事实上清朝的皇亲国戚、文武百官，不论男女老少，不论满、汉，均普遍地使用官轿，只是在使用过程中，轿子的大小、装饰、形制等表现出严格的等级差别。明清官轿均以红和明黄漆色为主调，官轿中凡设帷幔遮蔽的均统称暖轿，凡无帷幔者则称显轿或明轿。明清官轿的种类名目繁多，主要有凉步辇、大仪轿、大轿、明轿、折合明轿、玉辇、金辇、礼舆、轻步舆、步舆、凤舆、仪舆、翟舆、暖轿等等。

玉辇，红漆木轿，为清代创用。圆盖长方座，高一丈一尺一寸、盖高二尺，轿身装饰豪华，轿中宝座高一尺三寸，左列有铜鼎，右侧插有宝剑，轿辕四根，内两辕长三丈八尺五分，外两辕长二丈九尺，由36名轿夫同时肩扛而行。这是明清时期最大型、最豪华的轿子。

金辇，旧称凉步辇，圆盖方轸，高一丈五尺，盖高一尺九寸，轿辕四根，内辕长二丈八尺一寸，外辕长二丈六尺一寸，用轿夫28人。

礼舆，旧称大仪轿，高六尺三寸。有轿直辕两根，长一丈七尺六寸五分；大横杆两根，长九尺；小横杆四根，长二尺二寸五分。另有肩杆八根，长五尺八寸。使用轿夫16名。

轻步舆，旧称折合明轿，形制和轿竿、轿夫情况与礼舆同，惟装饰上有差别。

步舆，旧称大轿，也是使用16名轿夫的轿子，形制与轻步舆类同，但形体稍小，装饰稍有不同。

凤舆，高七尺，形制与步舆等接近，但装饰主题是金凤，也是由16人肩扛而行的轿子。

仪舆，明黄漆木轿，形制类凤舆，但稍小，装饰以黄色为主调，有轿直辕两根、横杆两根和肩杆四根，由8名轿夫肩扛而行。

翟舆，明黄漆木轿，形制类似仪舆，装饰以金翟为主题，由8人肩扛而行。

明轿和暖轿则是对施帷幔和不施帷幔的轿子的区

别称呼。按清代的规矩，玉辇、金辇、礼舆、轻步舆、步舆等均是皇帝专门乘坐的轿种，故其使用的轿夫至少16名，至多达36名。在特殊场合中，皇太后也可乘用金辇，此种金辇，形制类同皇帝金辇，但装饰施用明黄缎并绣上寿字篆文，装饰主题除凤纹外还添加有龙纹，故又称作龙凤辇或万寿辇。皇后金辇一般使用轿夫28名。在通常情况下，皇后、皇太后主要使用由16人扛抬或8人扛抬的黄漆凤舆和仪舆。皇贵妃和其他妃嫔等则使用由8人肩扛或4人肩扛的黄漆翟舆和仪舆。

至于亲王、郡王以下及文武百官等，乘用的轿子一般没有专名，据有无帷幔而分称明桥或暖轿。这些明、暖轿的利用，按等级身份又有8人、4人、2人扛抬之别，职权大者如亲王、郡王，使用"八抬大轿"；汉人文官自大学士以下三品以上，在京师内使用四抬之轿；出京城至地方省视则可使用八抬大轿。四品以下官员则只能使用二人肩扛的小轿。明清的官轿在出入官府时均有侍从在前鸣锣开道，沿途呵斥声不绝于耳，平民百姓遇上必须肃立回避。1960年上海卢湾区出土的明代潘允徵墓中木雕行列俑，行列中所见的两座两人抬小轿，为认识明清地方官员乘坐的显（明）、暖轿形制特点和实际应用情形提供了非常重要的实物资料。

明清的民间用轿，一般都是黑油齐顶、平顶皂帏并由两人扛抬的小轿，应用的对象主要是无官爵的地主、豪绅。在一般平民百姓中，遇上婚姻嫁娶大事，有条件者亦使用二人抬的小轿;条件稍差者,则使用简陋的板舆。如清人绘的《台湾风俗图·赘婿》中,便见有类似现代四川地区山区使用的"滑竿"式板舆。其结构非常简单,由两根木杆或竹竿承上一块拼接而成的大板,板上铺上席毯子,人坐板上即可。这种板舆,当属明清民间流行的一种"明轿"形式。清末轿子利用的逐渐民间化、大众化,对近、现代中国轿子的沿用无疑产生了重要影响。如在婚姻嫁娶活动中,用花轿迎送,曾成为民间非常流行的习俗。花轿的形制也基本与清轿相类似。但这种沿用已不能简单地与古代的轿子利用同日而语,这是因为"花轿"应用的主要目的不是代步交通,而是礼仪仪仗。

7 自行车的出现

自行车亦称脚踏车、单车。它是由欧洲人发明,在中国最早出现于清代中期,即 18 世纪末至 19 世纪初。清代晚期在中国与外国政治、贸易接触逐渐频繁的基础上,作为舶来品,自行车亦引进到中国。1901年,上海便出现了自行车,其形制与现代的自行车基本相近。自行车在清末引进后,在当时虽未能形成利用和制作的迅速发展局面,尚不具备重要的交通价值,但其对近、现代中国自行车工业的发展和自行车交通作用的开拓,具有非常深远的历史意义。正是在清末自行车引进的基础上,经过数十年的努力,中国自行车的发展逐渐走上了康庄大道,并以其巨大的生产能力和利用潜力，成为当代中国最重要的交通工具之一。现代的中国，已成为世界闻名的自行车王国。

 铁路机车（火车）的引进和制作

铁路机车即火车的发明，始于19世纪初期，即相当于清代中期，发明者是英国的斯蒂芬逊。火车的开动依靠的是蒸汽动力，火车的成功创制和利用，导致了陆路交通工具的大革命，成为陆路交通中最重要的运输工具。中国的火车引进始于清同治年间，1865年英国商人杜兰德在北京修建了一段长仅一公里的小铁路，进行了小火车试跑，但其最后被清政府以"观者骇惊"为理由限期拆除了。中国真正的第一条铁路，是1876年由英商在上海和吴淞口之间修建的轻便铁路，全长20公里，行车时速24公里，但由于清政府的患得患失，这条铁路和机车尚未正式运营便被清政府以28万两的银价买下拆除弃置，使中国第一个铁路工程，以荒唐的结局而夭折。青山遮不住，毕竟东流去，尽管此后又有多次兴建铁路的计划被清政府扼杀，但社会文明进步的潮流浩浩荡荡，经过一番艰难险阻，穿越重障迷雾，最终还是迎来了云开日出，海阔天空。五年后，即1881年，为了及时运输开滦煤矿开掘的煤炭，经清政府的同意，一条从唐山到胥各庄全长10公里多的铁路终于建成，一台依靠进口设备和钢材在中国本土直接制造而成的牵引力约为100吨的机车也同时诞生。这条铁路和机车的成功运营，均标志了中国

铁路和机车（火车）的制造利用实现了零的突破。自此而后，铁路和机车（火车）获得了在中国本土发展生存的"绿卡"，并以其得天独厚的庞大运输能力和机械化速度，逐渐成为备受人们重视的陆路交通工具"宠儿"。从1881～1911年，中国的铁路和机车制造应用事业已初见规模，并先后诞生了京沈（北京—沈阳）、京汉（北京—汉口）、津浦（天津—南京）、沪宁（上海—南京）、京张（北京—张家口）、东清（满洲里—绥芬河）、哈大（哈尔滨—大连）七大重要铁路干线。这一成就亦充分说明了清末铁路机车（火车）的制作与利用已经达到一个初步的空前繁荣水平，为其后尤其是中华人民共和国成立以后火车和铁路事业的大发展，奠定了重要的基础。

 西方马车的引进利用

清代晚期在引进自行车、火车和汽车等交通工具的过程中，也同时引进过西方的古典马车。1901年上海等城市出现了西方四轮马车，其形制与中国传统的两轮马车不同，主要特点是：双辕，有前后舆厢，前厢下承两有辐轮，厢为敞篷式，可乘坐二三人（包括驭手）；后舆为蔽篷式，下承两个有辐轮，可乘坐两人，由两匹马在双辕中牵引而行。这种西方古典马车的引进，显然是带有浓厚的赶时髦色彩。由于其本身仍是使用落后的畜力作为牵引动力，故其在中国本土的利用只是昙花一现而属于局部、暂时现象，未能构

成或发挥出重要的交通价值和作用。随着机械动力汽车的问世和逐渐推广,这种马车的形制被移花接木式地转移到了最早的汽车形制上,从而结束了自己的历史使命。

10 汽车的出现

汽车最早诞生于18世纪的欧洲。清晚期,朝廷通过与西方国家政治、贸易等频繁接触,吸收和引进过不少体现当时先进技术的外国产品,其中便包含有交通工具汽车在内。据考证,中国汽车的初始引进利用,目前所知以1901年匈牙利人李恩时引进两辆汽车在上海使用的实例为最早,1902年清廷引进的汽车例子,则是官方引进利用的最早记录。清廷引进的这辆汽车,是袁世凯特地从香港进口而贡献给慈禧太后六十寿辰的贺礼,是北京历史上出现最早的汽车,因其还较完整地保存在北京颐和园内,故也可以说是中国现存年代最早的汽车。这辆汽车是美国(一说德国)杜依亚公司的产品,制造时间约在1896~1898年,其形制属马车式,即车身、车架、车簧、车轮各部位的形态都是仿西方古典四轮马车,车身也是木质;所不同的是,车厢前后贯通,并设座位两排,厢上有用四根木杆支撑起来的帆布车篷,车前排为司机座位并设有方向盘,车头安装有一台横向放置的三缸水冷汽油发动机,其功率约为4马力(或说6~10马力),时速约为15~20公里。该车最早停放在故宫内,后来又转存放到颐和园。因慈禧太后喜欢新鲜玩意儿,该车便在颐和园内最先成为太后游园乘坐的专车。尽管当时满朝文武大都反对太后乘坐汽车,但慈禧仍然在颐和园内过足乘坐汽车之瘾,只是后来因为发现司机坐在她的前面开车,似有违大清的法度体统,乘坐时觉得很不是滋味,才一怒之下将此辆汽车打入冷宫。光绪末年以后,进口汽车便开始陆续活跃于北京的街上,拥有和利用这些车的主人,大都是清宫显贵或搞"洋务"的官员,如当时掌管铁路大权的盛宣怀拥有和利用一辆美国福特车,邮传部尚书梁敦彦则拥有一辆美国卡迪拉克车。

　　清代晚期的汽车引进,在一定场合、一定范围内发挥了一定的交通作用。这种极其有限的利用,显然并没有对当时的陆路交通工具变革产生重要的影响和刺激。与其他陆路交通工具相比,其交通作用、交通价值可谓微乎其微。但尽管如此,作为中国最早的汽车利用尝试,揭开了中国汽车利用的序幕,开辟了中国陆路交通工具发展的新途径。它对后来汽车的迅速开发利用和民族汽车工业的崛起、发展、繁荣乃至中国汽车时代的到来所起到的"启迪"或"开山"之功,是不可轻易抹杀的。

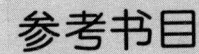

参考书目

1. 阴法鲁、许树安主编《中国古代文化史》,北京大学出版社,1989。
2. 杜石然等编著《中国科学技术史稿》,科学出版社,1982。
3. 凌纯声:《中国远古与太平印度西洋的帆筏戈船方舟和楼船的研究》,"中央研究院"民族学研究所专刊之十六,1970,台湾南港。
4. 包遵彭:《汉代楼船考》,中华丛书编审委员会,1967。
5. 中国历史博物馆编《中国古代史参考图录》,上海教育出版社,1991。
6. 王今栋编绘《中国古代车马》,河南人民出版社,1984。
7. 白寿彝:《中国交通史》,商务印书馆,1947。
8. 金秋鹏:《中国古代的造船和航海》,中国青年出版社,1985。
9. 清张英等编《渊鉴类函》。

《中国史话》总目录

系列名	序号	书名	作者
物质文明系列（10种）	1	农业科技史话	李根蟠
	2	水利史话	郭松义
	3	蚕桑丝绸史话	刘克祥
	4	棉麻纺织史话	刘克祥
	5	火器史话	王育成
	6	造纸史话	张大伟 曹江红
	7	印刷史话	罗仲辉
	8	矿冶史话	唐际根
	9	医学史话	朱建平 黄健
	10	计量史话	关增建
物化历史系列（28种）	11	长江史话	卫家雄 华林甫
	12	黄河史话	辛德勇
	13	运河史话	付崇兰
	14	长城史话	叶小燕
	15	城市史话	付崇兰
	16	七大古都史话	李遇春 陈良伟
	17	民居建筑史话	白云翔
	18	宫殿建筑史话	杨鸿勋
	19	故宫史话	姜舜源
	20	园林史话	杨鸿勋
	21	圆明园史话	吴伯娅
	22	石窟寺史话	常青
	23	古塔史话	刘祚臣
	24	寺观史话	陈可畏

系列名	序号	书名	作者
物化历史系列（28种）	25	陵寝史话	刘庆柱 李毓芳
	26	敦煌史话	杨宝玉
	27	孔庙史话	曲英杰
	28	甲骨文史话	张利军
	29	金文史话	杜 勇 周宝宏
	30	石器史话	李宗山
	31	石刻史话	赵 超
	32	古玉史话	卢兆荫
	33	青铜器史话	曹淑琴 殷玮璋
	34	简牍史话	王子今 赵宠亮
	35	陶瓷史话	谢端琚 马文宽
	36	玻璃器史话	安家瑶
	37	家具史话	李宗山
	38	文房四宝史话	李雪梅 安久亮
制度、名物与史事沿革系列（20种）	39	中国早期国家史话	王 和
	40	中华民族史话	陈琳国 陈 群
	41	官制史话	谢保成
	42	宰相史话	刘晖春
	43	监察史话	王 正
	44	科举史话	李尚英
	45	状元史话	宋元强
	46	学校史话	樊克政
	47	书院史话	樊克政
	48	赋役制度史话	徐东升

系列名	序号	书名	作者
制度、名物与史事沿革系列（20种）	49	军制史话	刘昭祥　王晓卫
	50	兵器史话	杨毅　杨泓
	51	名战史话	黄朴民
	52	屯田史话	张印栋
	53	商业史话	吴慧
	54	货币史话	刘精诚　李祖德
	55	宫廷政治史话	任士英
	56	变法史话	王子今
	57	和亲史话	宋超
	58	海疆开发史话	安京
交通与交流系列（13种）	59	丝绸之路史话	孟凡人
	60	海上丝路史话	杜瑜
	61	漕运史话	江太新　苏金玉
	62	驿道史话	王子今
	63	旅行史话	黄石林
	64	航海史话	王杰　李宝民　王莉
	65	交通工具史话	郑若葵
	66	中西交流史话	张国刚
	67	满汉文化交流史话	定宜庄
	68	汉藏文化交流史话	刘忠
	69	蒙藏文化交流史话	丁守璞　杨恩洪
	70	中日文化交流史话	冯佐哲
	71	中国阿拉伯文化交流史话	宋岘

系列名	序号	书名	作者
思想学术系列（21种）	72	文明起源史话	杜金鹏 焦天龙
	73	汉字史话	郭小武
	74	天文学史话	冯时
	75	地理学史话	杜瑜
	76	儒家史话	孙开泰
	77	法家史话	孙开泰
	78	兵家史话	王晓卫
	79	玄学史话	张齐明
	80	道教史话	王卡
	81	佛教史话	魏道儒
	82	中国基督教史话	王美秀
	83	民间信仰史话	侯杰
	84	训诂学史话	周信炎
	85	帛书史话	陈松长
	86	四书五经史话	黄鸿春
	87	史学史话	谢保成
	88	哲学史话	谷方
	89	方志史话	卫家雄
	90	考古学史话	朱乃诚
	91	物理学史话	王冰
	92	地图史话	朱玲玲

系列名	序号	书　名	作　者
文学艺术系列（8种）	93	书法史话	朱守道
	94	绘画史话	李福顺
	95	诗歌史话	陶文鹏
	96	散文史话	郑永晓
	97	音韵史话	张惠英
	98	戏曲史话	王卫民
	99	小说史话	周中明　吴家荣
	100	杂技史话	崔乐泉
社会风俗系列（13种）	101	宗族史话	冯尔康　阎爱民
	102	家庭史话	张国刚
	103	婚姻史话	张　涛　项永琴
	104	礼俗史话	王贵民
	105	节俗史话	韩养民　郭兴文
	106	饮食史话	王仁湘
	107	饮茶史话	王仁湘　杨焕新
	108	饮酒史话	袁立泽
	109	服饰史话	赵连赏
	110	体育史话	崔乐泉
	111	养生史话	罗时铭
	112	收藏史话	李雪梅
	113	丧葬史话	张捷夫

系列名	序号	书名	作者	
近代政治史系列（28种）	114	鸦片战争史话	朱谐汉	
	115	太平天国史话	张远鹏	
	116	洋务运动史话	丁贤俊	
	117	甲午战争史话	寇伟	
	118	戊戌维新运动史话	刘悦斌	
	119	义和团史话	卞修跃	
	120	辛亥革命史话	张海鹏	邓红洲
	121	五四运动史话	常丕军	
	122	北洋政府史话	潘荣	魏又行
	123	国民政府史话	郑则民	
	124	十年内战史话	贾维	
	125	中华苏维埃史话	杨丽琼	刘强
	126	西安事变史话	李义彬	
	127	抗日战争史话	荣维木	
	128	陕甘宁边区政府史话	刘东社	刘全娥
	129	解放战争史话	朱宗震	汪朝光
	130	革命根据地史话	马洪武	王明生
	131	中国人民解放军史话	荣维木	
	132	宪政史话	徐辉琪	付建成
	133	工人运动史话	唐玉良	高爱娣
	134	农民运动史话	方之光	龚云
	135	青年运动史话	郭贵儒	
	136	妇女运动史话	刘红	刘光永
	137	土地改革史话	董志凯	陈廷煊
	138	买办史话	潘君祥	顾柏荣
	139	四大家族史话	江绍贞	
	140	汪伪政权史话	闻少华	
	141	伪满洲国史话	齐福霖	

系列名	序号	书名	作者
近代经济生活系列（17种）	142	人口史话	姜 涛
	143	禁烟史话	王宏斌
	144	海关史话	陈霞飞 蔡渭洲
	145	铁路史话	龚 云
	146	矿业史话	纪 辛
	147	航运史话	张后铨
	148	邮政史话	修晓波
	149	金融史话	陈争平
	150	通货膨胀史话	郑起东
	151	外债史话	陈争平
	152	商会史话	虞和平
	153	农业改进史话	章 楷
	154	民族工业发展史话	徐建生
	155	灾荒史话	刘仰东 夏明方
	156	流民史话	池子华
	157	秘密社会史话	刘才赋
	158	旗人史话	刘小萌
近代中外关系系列（13种）	159	西洋器物传入中国史话	隋元芬
	160	中外不平等条约史话	李育民
	161	开埠史话	杜 语
	162	教案史话	夏春涛
	163	中英关系史话	孙 庆

系列名	序号	书名	作者
近代中外关系系列（13种）	164	中法关系史话	葛夫平
	165	中德关系史话	杜继东
	166	中日关系史话	王建朗
	167	中美关系史话	陶文钊
	168	中俄关系史话	薛衔天
	169	中苏关系史话	黄纪莲
	170	华侨史话	陈　民　任贵祥
	171	华工史话	董丛林
近代精神文化系列（18种）	172	政治思想史话	朱志敏
	173	伦理道德史话	马　勇
	174	启蒙思潮史话	彭平一
	175	三民主义史话	贺　渊
	176	社会主义思潮史话	张　武　张艳国　喻承久
	177	无政府主义思潮史话	汤庭芬
	178	教育史话	朱从兵
	179	大学史话	金以林
	180	留学史话	刘志强　张学继
	181	法制史话	李　力
	182	报刊史话	李仲明
	183	出版史话	刘俐娜
	184	科学技术史话	姜　超

系列名	序号	书名	作者
近代精神文化系列（18种）	185	翻译史话	王晓丹
	186	美术史话	龚产兴
	187	音乐史话	梁茂春
	188	电影史话	孙立峰
	189	话剧史话	梁淑安
近代区域文化系列（11种）	190	北京史话	果鸿孝
	191	上海史话	马学强　宋钻友
	192	天津史话	罗澍伟
	193	广州史话	张苹　张磊
	194	武汉史话	皮明庥　郑自来
	195	重庆史话	隗瀛涛　沈松平
	196	新疆史话	王建民
	197	西藏史话	徐志民
	198	香港史话	刘蜀永
	199	澳门史话	邓开颂　陆晓敏　杨仁飞
	200	台湾史话	程朝云

《中国史话》主要编辑
出版发行人

总策划 谢寿光　王　正
执行策划 杨　群　徐思彦　宋月华
　　　　　梁艳玲　刘晖春　张国春
统　筹 黄　丹　宋淑洁
设计总监 孙元明
市场推广 蔡继辉　刘德顺　李丽丽
责任印制 岳　阳